反日勢力との法廷闘争

愛国弁護士の闘ひ

髙池勝彦

展転社

まへがきにかへて

二、三年前から、展転社会長相澤さんから、私の本を出したいので原稿を書くようにとの申し出がありました。私も書きたいことがないわけではありませんが、書籍が氾濫する世に、資源の無駄遣ひにならないものが書けるか自信のないままに、督促が日増しに激しくなりました。つひには、今年に入つて、原稿を出すやうにといはれました。そこで、数年前、あるミニコミ誌に統一的なテーマで連載したものを提案しましたが、内容が一般的なものではないといはれ、さらに数カ月経つて、私が過去に書いたものをまとめるやうにといはれました。私も裁判やその他、雑用が多く、中々時間が取れないまま、たうとう私のコンピューターの中から原稿を集めて一冊とすることにしました。普通このやうなものは、著書が沢山あり、読者も多い著名人が出すものです。私のやうな者が出すものではありませんが、どうか展転社に迷惑がかからないやうにと祈つてをります。

最初に、十年以上前に私のホームページに掲載した思ひ出深い文章を前書きにかへて掲げます。

リリー・クラウス

半年ほど前に、リリー・クラウスのＣＤを買つた。シューベルトの即興曲、作品九十と百四十二である。透明で、シューベルト特有の哀調のあるセンチメンタルな、それでゐてあたたかいひびき、すばらしい演奏であつた。一九六七年の録音であるから、彼女が六十四歳のときの録音である。

そのCDに日本語の解説がついてゐる。その解説に気にかかることが書かれてゐる。中村孝義といふ人である。その一節を引用する（正仮名になほして引用）。

よく知られた事実だが、第二次世界大戦中にクラウスはシモン・ゴールトベルグとの演奏旅行の途時《ママ》ジャワで日本軍に捕へられ、三年間の長きにわたつて収容所生活を送るといふ辛酸をなめてゐる。普通なら日本のことを恨みに思つてもをかしくない経験をしたのだ。しかし人生とは分らないものである。クラウスにとつてはこれが日本に好意を寄せる原因の一つとなつたのだから。といふのは彼女を捕へた日本軍の将校の中に、クラシック音楽を深く理解する人がをり、クラウスを厚遇したのださうだ。中国の「覇王別姫」といふ映画の中でも、中国に侵攻した日本軍の中に、京劇に深い理解を示した将校がゐた話が出てくるが、日本軍の犯した罪は罪として、当時はおよそ文化などとは無関係と思はれがちな軍人の中にも、高い教養を持つてゐたり、文化に深い理解を示す教養人がゐたのだ。それに比べると昨今の日本の政治家や財界人の教養の低さときたら、何とも歯がゆい思ひがする。

この引用文には「当時はおよそ文化などとは無関係と思はれがちな軍人」などいくつか納得できない部分があるが、とりわけ私がひつかかつたのは「日本軍の犯した罪は罪として」の部分である。

クラウスはハンガリーのブタペストに生まれたユダヤ人で、ウィーンで音楽教育を受けた。ナチスの反ユダヤ政策を逃れようとカソリックに改宗したが、迫害を恐れて家族とともにニュージーランドへ移住する途中ジャワ（オランダ領東インド、現インドネシア）に寄つてそこが気に入り、住んでゐると、大東亜戦争が勃発し、敵国人として収容されたのである。これがなぜ「日本軍の犯した罪」なのか。クラウスにとつては不運だつたであらうが、やむをえないことではないのか。開戦に伴ひ、たとへばイギリスにゐた日本人は収容所に収容されたのである。

ここには、日本軍の行つたことはまづ事実関係を調べるまでもなく悪であるとの先入観がある。これはアメリカ軍の洗脳政策で洗脳されたままの精神状態である。

以上は、私が、平成十七年四月十日に書いて、私のホームページに掲載したものである。私のホームページはほとんど更新せず、読者もあまりない。ところが、右記事を掲載してしばらくしたら、「私は、記事の中の軍人の娘です。」といふメイルが来た。私は彼女と、二、三度リリー・クラウスのことでメイルでやり取りをしたが、それきりになつてしまつた。

リリー・クラウスは当代きつてのモーツアルト弾きといはれ、シモン・ゴールドベルクは、世界的なバイオリニストであつた。私は二人の伝記を読んだがそれぞれ魅力的な人物である。リリー・クラウスとシモン・ゴールドベルクとはそれぞれ結婚し家族を持つてゐた。シモン・ゴールドベルクは、当時、ベルリンフィルのコンサートマスターを勤めてゐた。彼はユダヤ人であり、リリー・クラウスの夫もユダヤ人だつた。そこで、ヒトラーのドイツから逃れ、ニュージーランドへ移住するため、オランダから船でヨーロッパを離れた。これがナチスから逃れた最後の船だつたといふ。ニュージーランドへ行く途中、ジャワやバリ島に滞在し、演奏会を重ねてゐた。二人とも今のインドネシアが気に入り、一年以上滞在してゐる間に、日本の捕虜となつたのである。

リリー・クラウスとシモン・ゴールドベルクは、昭和十一年（一九三六）来日し、日比谷公会堂で演奏会を開いた。二・二六事件の僅か数ヶ月後に来日し、この時の陸軍軍人である収容所々長がこの演奏会を聞きに行つてゐたのである。所長は、捕虜（当然のことながらリリー・クラウスは、戦時国際法上の「捕虜」ではない。敵国人として収容されただけであるが、便宜上「捕虜」といふことにする）の名簿を見たら、捕虜の中に世界的な音楽家がゐることに驚き、当時の軍司令官今村均陸軍大将と相談の上、捕虜ではあるが、捕虜や軍民の慰問のため演奏を認めたのである。戦争中何度もジャワにおいて二人は演奏会を開いた。演奏会ばかりではない。二人からレッスンを受けた日本人も何人もゐるのである。

戦後、ゴールドベルクは、オーストラリアへ行き、その後、ヨーロッパからニューヨークへと移つた。リリー・クラウスは、ニュージーランドへ行き、最終的にはアメリカにわたり、TCU（テキサス基督教大学）の教授となつた。

戦後日本へは、昭和三十九年から六回も来日して演奏会を開いてゐる。捕虜収容所長とも再会した。

一方のゴールドベルクは、戦後二回来日した。そして三回目は、桐朋学園で教へるやうになり、妻の死後、日本人のピアニスト山根美代子と結婚し、日本に移住し、日本で亡くなつてゐる。

以上を見ると、二人とも日本軍の捕虜となつてつらい生活を送つたにもかかはらず、極めて親日家であつたことがわかる。日本の軍人は、野蛮だといはんばかりのCDの解説に反発したわけであるが、「昨今の日本の政治家や財界人の教養の低さ」といふ点は同感である。しかし、これも例外は少なくないのではないだらうか。

髙池勝彦

目次

反日勢力との法廷闘争——愛国弁護士の闘ひ

第三部

カバーデザイン　古村奈々＋Zapping Studio

第一部

外国人参政権について

外国人に地方参政権を求めるべきかどうかについての平成七年二月二十八日の定住外国人選挙権訴訟上告審判決[1]は、大きな影響を与へたので、それについてコメントする。

これは、永住者たる地位を有する在日韓国人が、憲法上地方参政権を保障されてゐると主張した事件である。被告は、大阪市選挙管理委員会であり、選挙人名簿に登録することを求める異議の申出をし、却下されたため、却下決定の取消しを求めて大阪地裁に提訴した公職選挙法上の名簿訴訟である。大阪地裁は請求を棄却したが、名簿訴訟は、法律上控訴できないこととなつてゐるので最高裁に直接上告したのである。

憲法第九十三条第二項は次のとほりである。

> 地方自治体の長、その議会の議員及び法律で定めるその他の吏員は、その地方公共団体の住民が、直接これを選挙する。

原告の主張は、ここには国民とは書かれてをらず、住民と書かれてゐるから、定住外国人は「住民」だと主張したのである。

地方参政権の本質

最高裁は、「国民主権の原理及びこれに基づく憲法十五条の規定の趣旨に鑑み、地方公共団体が我が国の統治機構の不可欠の要素を成すものであることをも併せ考えると、憲法九十三条二項にいう『住民』とは、地方公共団体の区域内に住所を有する日本国民を意味するものと解するのが相当であり、右規定は、我が国に在留する外国人に対して、地方公共団体の長、その議会の議員等の選挙の権利を保障したものということはできない。」といつて原告の主張を認めなかつた。したがつて、外国人は、ある地域に居住してゐたとしても「住民」ではないのであるから、外国人に参政権を与へよといふことは、「住民」ではない者に参政権を与へよといふことである。

ところが、最高裁判決は、憲法第九十三条第二項は在留外国人に地方参政権を保障したものではないが、永住者等であつてその地域と特段に緊密な関係を持つ者については、「その意思を日常生活に密接な関連を有する地方公共団体の公共的事務の処理に反映させるべく、法律をもって、地方公共団体の長、その議会の議員等に対する選挙権を付与する措置を講ずることは憲法上禁止されているものではないと解するのが相当である。」といふ余計な理屈を述べたのである。これは判決に直接影響を与へない傍論である。

私は、あくまでも「住民」ではない者に参政権を与へることは、文理上及び実質的に憲法違反であると考へる。

　文理上、地方公共団体は我が国の統治機構の不可欠の要素であり、その長、その議会の議員及び法律の定めるその他の吏員の直接選挙は、国民主権の原理から認められてゐるものであるから、「住民」ではない者に地方参政権を与へることは憲法違反となる。

　右傍論を契機として、定住外国人には地方参政権を与へるべきではないかといふ議論が多く起きることになつた。鳩山由紀夫民主党内閣は、この傍論を最大限尊重すると答弁し（平成二十年十月二十九日産経新聞）、後に外国人に地方参政権を付与する法案提出の準備までした。しかし、この傍論は、起案に関与した園部逸男当時最高裁裁判官が、産経新聞のインタビューに答へて、在日韓国人・朝鮮人をなだめる意味の政治的配慮だと言つたのである（平成二十二年二月十九日産経新聞）。それほど根拠のない議論を楯にとつて外国人に地方参政権を与へよと主張することに私はあきれかへつたのである。

　「主権国家」とは、対外的に独立した国家を意味し、「国民主権の原理」とは、国内的な統治権の行使を意味する。すると、同様に地方参政権を、「住民」ではない者に与へることは憲法違反であるといふことになるのである。地方参政権は、国民主権とは別の地方自治の原則から認められるものであるといふ者がゐるが、地方自治の原則も、国民主権の原則の一部である。地方自治とは別の、団体自治の原則であるとすれば認められる余地はある。すなはち、社団法人、任意団体などの団体は原則的に自治が認められる。これは集会・結社の自由といつた基本的人権から認められるものであるが、地方自治の原則はそれとは異なる。最高裁判決がいふやうに、地方公共団体は我が国の統治機構の不可欠の要素であるからである。

文理上の解釈とはいつても、憲法の変遷、その他の理論により、憲法の文言は変はらなくても、当初は憲法違反であると解釈された事項について、後に合憲と解釈される場合はあるが、地方参政権には、そのやうな変更を裏付ける実質的な理由が生じたとはいへない。

特別永住者の地位についての誤解

一般永住者全員に地方参政権を与へるといふのではなく、在日韓国・朝鮮人などの特別永住者にのみ与へるべきであると主張する者もゐる。その根拠として、我が国が、特別永住者に対して、日本国籍を喪失させ、それ以降、国籍を口実に様々な排除と差別を正当化してきたからであるといふ。日本国籍の喪失については、特別な事情があり、非難されるべきではない。排除と差別については、現在では法的には無く、むしろ特典のはうが大きい。

しかし、この主張は、特別永住者に特例帰化制度を導入すべしとする主張の根拠とはなるが、参政権を与へるべしとの根拠にはならない。すなはち、日本国籍をそのまま保持したいと考へてゐた者に日本国籍を喪失させたから、地方参政権を与へるべしとするのが右主張だとするならば、当時は事情があつて、日本国籍を離脱させたが、現在はその事情がなくなつたから特例帰化を導入し、国籍を取得してもらふといふものであるからである。

園部元最高裁判事などは、特別永住者は、強制連行で我が国に残留した者やその子孫であるから特別の配慮が必要であると主張してゐるが、当時日本国籍であつた者が戦時動員（徴用）により労働に服することを「強制連行」と呼ぶのが誤りであるばかりではなく、そのやうな徴用により我が国に居住した者のほとんどが終戦時、韓国・朝鮮に帰国し、我が国にとどまつた者はほんのわづかである事実を見落としてゐる。

中国人の問題

外国人の地方参政権を主張する者は、中国人について言及しない。特別永住者に地方参政権を与へれば、なぜ一般永住者には与へられないのかとの議論が当然出てくる。平成七年最高裁判決も外国人を特別永住者に限定してはゐない。

我が国の安全保障にとつて、一般永住者、圧倒的に多い中国人の問題は避けて通れない問題である。

外国の例

外国人に地方参政権を付与してゐる国は極めて少ない。しかも、ＥＵ域内に限られるなど特有の理由がある。また、わざわざドイツのやうに憲法改正を行つてゐるところもある。我が国には、外国人に地方参政権を与えるべき特別な理由は、特別永住者は、戦前我が国の国籍を有してゐたといふ一点だけである。この理由だけで地方参政権を付与すべきではないとする理由はすでに述べた。

注

1　判例時報一五二三号四十九頁

中国の判決は我が国内で執行できるか

南京裁判取り立て訴訟は原告敗訴

平成二十七年三月二十日午後二時、東京地裁の大法廷で、裁判長が、「主文、原告の請求を棄却する」と読み上げると百人近い傍聴者から思はず歓声があがつた。被告側の全面勝訴判決である。[1] これは、中華人民共和国南京人民法院で、平成十八年八月二十三日言渡された判決について、平成二十四年三月に、我が国で強制執行を求めた裁判の判決である。私は他の弁護士とともにこの裁判の被告側代理人を務めた。

平成十五年、夏淑金といふ女性が、南京の裁判所に、日本の出版社、展転社と同社が出版した南京事件に関する著作の執筆者を相手取り名誉棄損の裁判を起こした。夏淑琴は、昭和十二年（一九三七）十二月の所謂南京事件当時、約七歳で、夏淑琴と他の数家族が住んでゐた住居に日本兵が侵入してきて、夏淑琴と妹を除いた十数名が残虐な方法で殺されたといふのである。

しかし、彼女の言ひ分には多くの不審な点があつた。その点を問題にした民間研究者が、南京事件に関する著書『南京虐殺への大疑問』『南京虐殺の徹底検証』の中で問題点を指摘した。

夏淑琴は、自分は、南京事件の被害者であり、その生き証人である、その自分に対してケチをつけることは自分を嘘つき呼ばはりしたことになる、これは自分に対する名誉棄損であるとして訴へたのである。

その訴状は、平成十六年、中国から外交ルートを経て、出版社と著者に送達されてきた。南京の裁判所に出頭せよといふのである。しかし、もちろん南京で応訴するわけにもいかず、当然八十万元（日本円で約一千二百万円）の損害賠償を払へといふ原告勝訴の判決が出た。

そして勝訴判決に基く損害賠償の支払を日本の裁判所に「執行」させる訴へが日本で起こされたといふわけである。

日本の言論の自由を封じる懸念

この訴訟は世間では「南京裁判」取立訴訟などと呼ばれた。

いふまでもなく、中国は共産党独裁で私達の社会の常識が通用しない国である。とりわけ言論の自由がない社会であり、裁判や司法手続きにおいてもまた考へられない不可解な判断、恣意的な手続きや判断が散見される社会だ。

そのやうな中国の現状を考へると、この訴訟は非常に重大な意味をはらんでゐる。中国の利害に反する言論に中国国内で訴訟を起し、判決を盾に賠償の取立を日本の裁判所にやらせる…まるで日本の司法が中国の下請けであるかのやうな憂慮すべき光景で、この訴訟に万が一にも負けることがあれば、中国で同種の判決が乱発され、日本の自由な言論が萎縮させられる恐れすらある。中国の顔色をうかがひながら、機嫌を損なはない言論ばかりが許される。恐ろしい光景だが、負ける訳にはいかないと思つた。

外国判決執行には一定の要件あり

外国の裁判所で出された判決を我が国内で執行するには、我が国の裁判所に執行判決を求める訴訟を起さなければならない。意外に思はれるかもしれないが、外国で出された判決は、原則として尊重される。これは現在のやうな国際社会では一度正当に判断された判決はなるべく尊重することが無駄な手続きを排し、紛争の速やかな決着といふ観点から望ましいと考へられてゐるからである。このやうな議論をする法律分野を国際私法(国際民事訴訟法)といふ。

我が国内の裁判の判決は、金銭を求める判決で、判決が確定すれば、相手の財産に対して強制執行することができる。世界各国には裁判所があり、判決が出される。しかし、外国の裁判所で出されたその判決をもつて我が国で直ちに強制執行をすることはできない。執行判決を求めて認められれば、強制執行をすることができる。

たとへば、私が、アメリカのカリフォルニアへ旅行に行つて交通事故を起し、誰かに被害を与へたとする。その人が、私をカリフォルニアの裁判所に訴へ、私が負けて、一千万円を払へといふ判決が出たとする。しかし、私は日本に帰つてしまひ、アメリカには何の財産もない。するとその被害者は、東京地裁に執行判決を求めることになるのである。これが執行判決である。なぜこのやうな手続が必要かといへば、外国の裁判所の判決だからといつて自動的にすべて認められることになれば弊害が大きいからである。

この執行判決の裁判では、本体である事件の内容について審理してはいけないことになつてゐる。この場合だと、出版された書籍が原告の名誉を毀損してゐるのか否か…といつたことを争ふことはできないといふわけである。できることは中国で出された判決を日本で強制的に執行していいのか否か。ここを争ふだけである。

もちろん外国の判決ならなんでも尊重するといふわけではない。次の四つの要件すべてが認められた場合その外国の判決は効力を有する（民事訴訟法一一八条）。

1　法令又は条約により外国裁判所の裁判権が認められること

2　敗訴の被告が訴訟の開始に必要な呼出し若しくは命令の送達を受けたこと又はこれを受けなかったが応訴したこと

3　判例の内容及び訴訟手続が日本における公の秩序又は善良の風俗に反しないこと

4　相互の保証があること

1は、通常、管轄と呼ばれるもので、被告の住所地であるとか、不法行為であれば不法行為地であるとか、債務の履行地などが、我が国の法律で定められてゐる管轄である。

2については、我が国と中国との間では、中国の裁判所、外務省、日本の外務省、裁判所を通じて訴状も判決も送達されてゐる。

3については、多くの判例がある。たとへば、懲罰的損害賠償を認めたアメリカのカリフォルニア州の裁判所の判決の懲罰的賠償部分は、我が国の公序良俗違反として認められなかつた（平成九年七月十一日最高裁判決）。

4の相互保証とは、互ひの国が相手の国の判決を認めてゐるかどうかである。

今まで、確定判決が承認されたところは、カリフォルニア、オレゴン、ハワイなどのアメリカ、ドイツ、韓国、シンガポール、香港などがある。

全面対決となつた訴訟

我々は、右の四つの点すべてを争つた。

1については、被告の住所地はもちろん日本、また原告が主張する名誉棄損の不法行為地も日本である。小さな出版社が日本国内だけで出版した本だからである。

原告はこれに対して、精神的被害を受けたのは南京に居住する原告であるから精神的被害を受けた南京が不法行為地であると反論した。

しかしこの言ひ分が通るなら、慰謝料に関しては慰謝料を主張する者が住んでゐる所、世界中どこでも不法行為地になつてしまふ。

2については、確かに訴状も判決も送達された。しかし、その訳文が不正確でこれでは正式な送達とはいへないと主張した。

3については、約千二百万円の賠償額といふのは中国における平均年収の三十年分以上の額になり、このやうな著しく高額の損害賠償額を認めることは我が国の公序良俗違反であると主張した。

原告は、我が国でもプロ野球選手の名誉棄損裁判で一千万円の賠償額を認めた裁判例があるなどや丶ピントはづれの主張をした。

4について、我が国と中国との間に相互の保証がないと主張した。

さらに、我々は、中国において執行期間が判決確定後二年となつてゐるから、執行期間経過後に執行判決を求める裁判を起しても執行できないとか、中国では訴訟時効が二年と定められてゐるのに二年以上経過してから執行判決を求める裁判を起しても時効が完成してゐるなどの主張もした。

しかし我々がもつとも力を注いで主張したのは、相互の保証と中国における裁判所の地位についてである。

裁判の名に値しない中国の裁判所

我々は、中国の裁判所は「外国の裁判所で出された判決」と民訴法にある「外国の裁判所」にあたらないと主張した。つまり中国の裁判所は裁判所ではないと主張したのである。これも3の公序の問題である。

中国にはもちろん裁判所はある。中国語では「人民法院」といふ。特殊な裁判所を除いて、上からいふと最高人民法院、高級人民法院、中級人民法院、基層人民法院となつてゐる。一見我が国の裁判所の制度と似てゐる。しかし、実態はまつたく異なる。周知のやうに、中国は共産党の独裁国家である。これは中国の憲法第一条に次のとほりはつきりと書かれてゐる。

中華人民共和国は、労働者階級が指導し、労働者・農民の同盟を基礎とする人民民主主義独裁の社会主義国家である。

社会主義体制は、中華人民共和国の根本的システムである。いかなる組織ないし個人も社会主義体制を破壊することを禁止する。

したがつて、裁判所も共産党の指導を受ける。それればかりではなく、中国において裁判官の独立はない。裁判官は、上級裁判所の監督を受けるばかりではなく、部内での上級者や裁判委員会といふ組織、さらにはその地方の共産党委員会の指導を受ける。

「審理する者は判決を下さず、判決を下す者は審理せず」といはれてゐる（田中信行『はじめての中国法』有斐閣二十八頁）。日本のやうに、審理した裁判官が審理の内容に立つて判決を書くわけではないのである。

特に政治的な事件については当然共産党や上級監督官庁の指示がなされるのである。

我々は、このやうな中国の裁判所は裁判所（人民法院）といふ名前がついてゐても民訴法にいふ外国の裁判所ではないから、そこで出された判決は判決といふ名前がついてゐても判決ではない。我が国で執行判決を求めることはできないと主張したのである。

原告はそれに対し、人民法院は、憲法で規定された歴とした裁判所である。しかも、中国の法律（人民法院組織法）では「人民法院は、法律の規定に従い独立して裁判権を行使し、行政機関、社会団体及び個人の干渉を受けない」と定め、裁判権の独立が保証されてゐる、などと主張した。

しかし、裁判権が他の行政機関から一応独立してゐるとしても裁判所の内部で裁判官の独立が認められてをらず、党などの指導を受けるのであれば、政治的な事件について適正な判断など期待できない。そればかりではない。法律に裁判権の独立の文言があるから裁判権が独立してゐるなどとはいへない。

中国の憲法には、信教の自由、人身の自由、住居の不可侵など、多くの基本的人権の規定が麗々しく掲げられてゐるが、中国が世界最大の人権侵害の国であることは周知の事実である。

たとへば、スターリン時代の旧ソ連には、司法権の独立ばかりではなく、裁判官の独立や、裁判官の評議の非公開や評議に担当裁判官以外が参加することを禁止してゐたけれども、実質的に司法権の独立や裁判官の独立が守られてゐたと考へた者は誰もゐなかつた。

一方、イギリスは、議会優位の制度であり、裁判所は議会に従属してゐる。しかし、実際の運用及び国民の意識としては裁判官の独立がよく保たれてゐる（森川信吾「外国判決承認・執行の要件としての裁判官の独立（二）」『法学論叢』一六一巻三号五頁）。

このやうに、「外国の裁判所」かどうかは実態についてみなければならないのである。

日本の判決が承認された例はなし

次に我々が力を入れたのは相互の保証の問題である。

相互の保証とは、我が国において、ある外国判決の承認・執行が求められてゐる場合、その外国において、日本の裁判所の判決を承認する制度があるかどうかである。同様の制度があれば、その外国の判決を我が国で承認・執行することが認められる。我々は、中国と日本との間に相互の保証はないと主張し、原告はあると主張した。

元々この相互の保証について、かつては日本の規定と同等かそれより緩やかな条件がある場合に相互の保証を認めるべきだとされてゐた。

日本では先に述べた四つの条件すべてを満たせば、外国の判決は我が国で効力を認められるのであるが、ある外国で、これより厳しい条件、たとへば四つの条件以外の条件が加へられてゐる場合には認めるべきではないが、我が国と同じか、それよりも軽い、たとへば条件が三つしかない国の判決は認めても良いといふのである。

ところが、このやうな見解では、国際化の流れに逆行するものだとの批判が主流を占めた。すなはち、①なるべく外国判決の効力を認めることが二重訴訟や相反する判決の出現を防止し訴訟経済に役立つ、②外国の政策によつて個人の受ける救済が左右されるのは公平ではない、③厳格な要件を要求しこれを欠く外国判決の承認を拒否することは当該外国からの報復（相互不承認）を招く、④二国間で承認要件が完全に一致することはありさうもない、といつた理由である（吉川英一郎「相互の保証（一）」『国際私法判例百選第二版有斐閣二二九頁』）。

二重訴訟とは、二つの国で同じ紛争について訴訟が係属することをいひ、そのやうな訴訟が係属すれば異なつた判決が出る可能性がある。同じ事件で、異なつた判決が出ることは望ましくないとの前提がある。また、同じ結論が出るとすれば（その方が望ましいが）、それは無駄である、つまり訴訟経済上無駄だといふわけである。

そのやうな批判を受けて、昭和五十六年に最高裁は、当該判決をした外国裁判所の外国において我が国の裁判所の同種類の判決が先に述べた四つの条件と重要な点で異ならない条件があれば効力を認めるべきだといふ判決を出した（同年六月七日）。

つまり、四つとか三つとか条件の文言ではなく、実質的に我が国の四つの条件と重要な点で異ならなければいいとしたのである。

そのやうな条件の下で、我が国が相互保証を認められた国（地域）は、スイス・チューリッヒ州、ドイツ、英国、オーストラリア・クィーンズランド州、香港、シンガポール、韓国などである。

またアメリカについては多くの州の判決を認めてゐる（前掲吉川論文）。

本件で原告は、右の最高裁判決の趣旨から、外国判決の承認要件に関する規定の文言が実質的に同一であれば足り、その適用の同一性まで要求されないから、中国において、我が国の判決が執行されるか否かは問題とはならない、と主張した。

そして、中国の民事訴訟法では、外国判決の承認・執行について、「中華人民共和国が締結もしくは参加する国際条約により、又は、互恵の原則に従つて審査した後、中華人民共和国の法律の基本原則又は国家主権、安全、社会公共の利益に反しないと判断する場合には承認する」と規定し（二八二条）、外国判決の承認要件は公序と相互の保証だけであり、我が国よりも緩やかであるから、相互保証があるといふのである。

我々は、相互保証の有無は、外国判決の承認要件に関する規定の文言を形式的に比較するのではなく、我が国の判決が執行される可能性があるかどうかといつた中国における運用状況を考慮して決めなければならないと主張した。

憲法や法律の条文の文言だけで判断したらどうなるか、既に述べた旧ソ連のスターリン憲法下において、司法権の独立が確保されてゐたかをみれば明らかである。

中国において日本の判決が承認された例はない。それどころか平成六年（一九九四年）十一月五日、遼寧省大連の中級人民法院は、横浜地方裁判所小田原支部の判決と熊本地方裁判所玉名支部の債権差押命令と債権譲渡命令の中国における執行の効力を認めなかつた。

これは、日本人Aが日本人BとBが代表者であるC会社に貸付をしてゐたが、期限が来ても返済しないため、Aは、BとC会社に対して返済するやう横浜地裁小田原支部に訴へて勝訴判決を得た。

しかし、BとC会社が支払はないため、Aは、熊本地裁玉名支部に（BとC会社は、熊本県玉名市に所在するのであらう）、Bが中国大連にある会社に投資してゐるので、その投資金について債権差押命令と債権譲渡命令を求め、認められた。

そこでAは、大連の中級人民法院に日本の裁判所の判決と命令の執行を求めたのである。

大連中級人民法院は、遼寧省高級人民法院にお伺ひを立て、高級人民法院は、北京の最高人民法院にお伺ひを立て、最高人民法院は、遼寧省高級人民法院に、中国と日本との間には判決承認の国際条約が締結されてゐないし、しかるべき互恵の関係も確立されてゐないから執行を認めないとの遼寧省高級人民法院の裁定に同意すると回答してゐる（以上は、「環太平洋諸国（日・韓・中・米・豪）における外国判決の承認・執行の現状」『別冊ＮＢＬ一四五号』商事法務一〇四頁による）。

その回答に基づいて、大連中級人民法院は、日本の判決や命令の効力を認めなかつた。

日本でも承認された例は皆無

以上の事例から見て中国の裁判と外国判決の承認について、二つの問題点がある。

一つは、日本の判決が承認されないといふこと、もう一つは、まさに私が先に指摘した中国の裁判所は独立してをらず、上級裁判所の指導や指示があるといふことである。これは政治的な事件であれば一層その傾向は甚だしいといふことは容易に想像がつく。

次に我が国においても中国の判決が最終的に承認された例はないやうである。最終的にといふのは、平成十四年七月十四日、大阪地裁が中国の裁判所の判決を承認した例があるからである。この判決は、平成十五年四月九日、大阪高裁で否定されてゐる。

これは、Dが中国の合弁会社を設立し、その会社に投資したとして、同社の投資者は自分であることの確認を求めた裁判である。ところが、同様の裁判が中国の山東省鮮坊市中級人民法院で審理され、平成九年（一九九七年）に、同社の投資者はDではなく、Dとその子供のEが五十パーセントづつ出資した別会社であるとの判決が出てゐるのである。

そこで大阪地裁は、「相互の保証」について、中国では条約がない場合でも「国家主権・安全・社会公共の利益に反しない」限り外国判決の効力を認めてゐるから、我が国が公序良俗に反しない限り外国判決の効力を認めてゐるのと同じである、したがつて中国の判決の効力を認めると判決した。

これは本件の原告の主張と同じく条文の文言だけを比較した判断である。

これに対して大阪高裁は、中国における外国判決の運用状況を検討して、山東省鮮坊市中級人民法院の判決を認めなかつた。

判決が重視したもの

冒頭述べたやうに、平成二十七三月二十日、東京地裁は、原告の請求を退けた。裁判所は、先に述べた中国の判決が我が国において執行されるべきではないといふ主張について、原告の主張と我々の主張を要領よくまとめ、さらに、我々が主張した中国の裁判の仕組みについても適切に分析し、「相互の保証」について、詳細な意見を述べた。

特に重視したのは、これまで中国において日本の判決が認められた例がないこと、最高人民法院が下級裁判所に判決内容を指示してゐることである。

判決はいふ、「原告は、相互の保証があるというためには、外国判決の承認要件に関する規定の文言が実質的に同一であれば足り、その運用の同一性までは要求されないから、当該外国において、我が国の判決が執行される可能性があるか否かは問題とはならない旨を主張する。しかしながら、当該外国において外国判決の承認要件につき法令の規定の文言に書かれざる要件があることもまれではないと考えられ、そのような場合に、実際の運用における承認要件が我が国におけるそれと重要な点で異なっているにもかかわらず、規定の文言が実質的に異ならないとの一事をもって相互の保証があるとするのは、国家対等の原則にもとるものと言わざるを得ない」と。

判決の意義と問題点は

判決は、中国における外国判決の運用の実態を的確に把握して適正な判断を下したといふことができる。原告がいふやうに、条文に同じやうなことが書いてあるから中国の判決の執行を認めよといふことになれば、我が国の言論の自由に危機をもたらすことにもなりかねない。

本件はいはゆる南京事件に関するものであるが、このやうな中国にとつて、政治的な事件の判決が適正になされるとは到底考へられない。仮に、南京事件を批判して特定の中国人の意見を批判して、中国の裁判所に訴へられた場合、応訴は事実上不可能であるし、仮に応訴したとしても勝訴は考へられない。そしてその判決に基づいて我が国の裁判所に執行判決の申立がなされた場合を考へればその影響は明らかであらう。

これは中国に限らない。韓国はどうか。

韓国の大統領を批判して、それも直接の批判ではなく、韓国の他のメディアの記事を抑制的に引用した産経新聞の前ソウル支局長の例はどうか。

韓国の司法当局は、その韓国のメディアではなく、産経新聞の前支局長を逮捕起訴し、長期間出国禁止にした。これは刑事事件であるが、民事事件についても適正な判決が出されるとは限らない。

対馬の寺の仏像が盗まれた。韓国に存在することがわかり、対馬の寺が返還を求めても韓国の裁判所は認めない。

韓国は、曲がりなりにも、民主主義国である。先に韓国の判決については相互の保証が認められたと述べたが、運用の実態を厳格に解さなければ我が国民の権利に対する重大な侵害となるおそれはかなり高い。

その点で、本件判決について、望蜀之嘆を述べれば、判決理由が、相互保証ではなく、中国の裁判所は我が国の裁判所とは異なり、裁判所ではない、すなはち手続的公序によるものと判断してくれればさらに良かつたと思ふ。しかし、本件判決は実質的にはその点も先に述べたやうに、中国の裁判所の仕組みや、上級裁判所の指導などについて述べてゐることは評価できる。

どんな体制の国家であつても、中国や旧ソ連、あるいは現在の韓国など、国家が存続してゐる以上、普通のありふれた事件については当たり前の判決が出されてゐると考へられる。さうでなければ国家が崩壊するからである。

問題は、その国家における政治的な事件について、いかに公平な判断がなされるかである。外国判決の我が国内での承認・執行については慎重な判断が必要である。

私は、国際私法の専門家ではないが、この点で、一般の国際私法の学者は楽観的過ぎるのではないだらうか。

たとへば、この訴訟で原告側に立つて、二回にわたつて意見書を出した学者がゐる（奥田安弘中大教授）。上記の、中国の判決を認めなかつた大阪高裁の判決を批判したばかりではなく、我々の管轄についての主張にも反論してゐる。

要するに、日本の民訴法は、外国判決を認めるのに四つもの条件を付けてゐるが、中国は国際条約と公序の二つしかないではないか、ほかの国を見ると、たとへばＥＵでは管轄についても我が国よりもずつと緩やかであるといふ。

しかし、中国の公序とは、先に述べたやうに、「中華人民共和国の法律の基本原則又は国家主権、安全、社会公共の利益」といふことであつて、共産主義の原則に反するものは当然許されないし、南京事件を否定したり、慰安婦問題や、侵略戦争問題、靖国問題など、中国政府の見解に反するものなどすべてが入るといふことは容易に想像がつく。

奥田意見書は何よりも、最高人民法院が（すなはち中国政府が）日本の裁判所の判決を認めるべきではないといふ下級裁判所に対する回答を出してゐることを無視してゐる。

何度もいふやうに、法律の文字面で判断してはならないのである。さうでなければ、スターリン時代には司法が独立してをり、言論の自由が保障されてゐたといふ結論になつてしまふのである（現にスターリン時代の日本の言論界にはそのやうに述べた学者が少なくなかつた）。

したがつて、国際化の流れと国民の権利保護とを慎重に判断する必要がある。先の韓国の例がそのことを示してゐる。

原告は本件判決に対して、東京高裁に控訴した。控訴審は平成二十七年九月二十六日、第一回の口頭弁論だけで直ちに結審。十一月二十五日、東京高裁の判決も相互保証がないといふことで控訴棄却の判決が出た。[2]

原告はさらに、平成二十七年十二月七日、最高裁に上告及び上告受理申立をしたが、平成二十八年四月二十日、一度も弁論を開くことなく、上告棄却の決定を出した。我が国裁判所の良識を示したといふことができる。

注

1　判例タイムズ一四二二号三四八頁。判例評釈とは産大法集四十九巻一、二合併号と三号にある。

2　判例集には登載されてゐないが、データベース「判例秘書」にある。判例番号L07020540判例評釈はＪＣＡジャーナル六十三巻七号二頁

歴史観をめぐる判決について――戦後補償を求める裁判――

はじめに

大部前から、我が国のさまざまな制度にほころびが出はじめてゐたが、最近はそれらが一挙に吹き出した感がある。銀行や証券会社、官僚機構、もちろん政治制度もさうである。外務省の弱体化や不祥事もかなり抜本的な改革をしなければをさまらない。

その中で、比較的問題がないやうにみえたのが、裁判所や検察庁といつた司法制度である。しかし、あらゆる制度は人間が作り出したものであるから、人間に問題があるのであれば、司法制度だけに問題が生じないといふことはあり得ない。裁判官や検察官が逮捕される事例が前よりも多くなつてきたのは、当然ともいへよう。ついでにいへば、弁護士会はずつと以前から問題が大ありで、これは最近の問題ではない。

ここで問題にしたいのは、個人的な不祥事ではなく、裁判の審理の内容や判決に常識から判断して理解できないものが増えてきたといふことである。この傾向は民事刑事両方に見られるが、民事の中で歴史観にかかはるものに絞つて考へてみたい。

民事裁判には、昔から政治的に偏向してゐると思はれる判決はあつた。しかし、それらは、著名な左翼裁判官が出した特異な判決といつたものであつたが、最近の問題判決は、左翼裁判官ばかりではなく、ノンポリではないかと思はれる若い裁判官によるものが少なくない。これは、日本国憲法の基礎にある偏つた価値観が定着してゐることを示すものであらう。広い意味では、若い裁判官ではないが、愛媛玉串訴訟最高裁判決[1]もこれに含まれる。

ここで、私が、戦後最悪の判決であると思ふ判決を紹介したい。それからこの裁判の影響あるいは同じ系列に属すると思はれる判決について簡単に述べ、あはせて珍しくりつぱな判決であると思はれるものについても述べてみたい（りつぱな判決については本書一六八頁以下）。

中国人被害者損害賠償事件[2]

これが私が日本の戦後最悪であると考へてゐる判決である。判決原文は、五六四頁にも及ぶものである（当事者の主張など別紙部分を除いても実質二一一頁）。判決当日判決要旨と呼ばれるものがマスコミに配付されたが、この判決要旨でも三十八頁で、通常の判決なみの長さであつた。この判決要旨については、藤岡信勝東大教授の批判がある。[3]私は平成十二年はじめ、この判決全文を手に入れて読み、判決要旨よりも一層悪質であり、裁判官弾劾事由に当るのではないかとさへ思つてゐる。この判決は、きはめて偏向してゐるばかりではなく、独断や事実誤認も多く含まれてをり、あたかも中国政府の宣伝文書のごとくである。判決の構成や内容が後に述べるやうに奇妙奇天烈なのである。私は、折にふれてこの事実を指摘してゐるが、余り反響がないので、改めて読者にその内容を知つてもらひたく本文を執筆した。

⑴事案の概要

平成七年の秋頃、東京地方裁判所に、十名の中国人が国を相手に損害賠償を求めて裁判を起した。平成十一年九月二十二日、原告等の敗訴判決が下された。原告等はその後、東京高裁に控訴したが、平成十七年四月十九日控訴棄却、さらに平成十九年五月九日には上告も棄却された。

十名の原告等は、いづれも日本軍による戦争被害だとして賠償を請求したもので、その内訳は、南京事件の犠牲者であると称する李秀英といふ女性、親戚が七三一部隊で殺され、自分もその関連で、ハルビンで、憲法隊に拷問を受けたといふ男性、福建省の永安市で、日本軍の大規模な無差別爆撃で右腕を失つたといふ男性、それに、七三一部隊で殺された者の遺族である。

なほ、原告の一人の李秀英は、『南京虐殺への大疑問』の著者及び出版社である展転社を相手に、平成十一年九月十七日、東京地裁で裁判を起した。この本は、南京事件に関する研究書で、その中に、李秀英について、あちらこちらで述べられたり書かれたりしてゐることを分析し、疑問を提示した部分がある。その疑問について、自分は南京事件の犠牲者として国際的に有名である、その自分にけちをつけたのは名誉毀損であるとして損害賠償を求めて裁判を起したものである。数十名の、国に対する裁判と同じ日本人弁護士がついてをり、私は、著者側（被告側）でこの裁判を担当したが、驚いたことに、平成十四年五月十日、被告側は、敗訴判決を受け、直ちに東京高裁に控訴したが、平成十五年五月十日、控訴棄却の判決を受けた。上告及上告受理の申立も平成十七年一月二十日棄却決定を受けた。

(2)原告等の主張の根拠および判決の結論

原告等が受けたと称する不法行為について、ヘーグ陸戦条約に基いて個人が直接交戦当事国に対して損害賠償を請求できるといふのが、原告等の主張である。裁判所は、原告等にそのやうな権利はないとした。

(3)判決の手順

右のやうな判決を出すためには、論理的には、李秀英の例では、まづ彼女が南京事件の犠牲者であるかどうか、それには彼女が暴行を受けたかどうか、それが日本兵によるものであるかどうか、について審理し、犠牲者であるとしたら、それについて日本政府が責任があるかどうか、責任があるとしても数十年を経て、個人が戦争被害について国が国際法上どのやうな責任を負ふのかどうかといふ順に判断されることになるが、被告側敗訴の場合には、必ずしもそのやうな手順を踏まないで、結論を出すのにもつとも経済的な審理をするのが普通である。

すなはち、李秀英が南京事件の被害者であるかどうかについて厖大な資料と時間をかけて被害者であると認定したとしても、個人が戦争被害について加害国に請求する権利がないとしたら結局李秀英は損害賠償を受けることができないのであるから、それまでの厖大な審理は無駄になつてしまふことになる。そこで、まづ国際法上個人が戦争被害について加害国に請求する権利があるかどうか審理し、あるとしたら、その個人がはたして戦争の被害者であるかどうか、次にその被害について加害国に責任があるかどうかといふ順に審理するのである。

個人間の訴訟でも、たとへば、甲が乙に金を貸して、数十年何の催促もせずに、返してくれといふ訴訟の場合、まづ金を貸したかどうかを詳細に審理し、金を貸したと認定したとして、乙が、しかし、数十年も催促を受けなかつたのであるから、その請求権は消滅時効にかかつてゐると主張した場合、甲は乙から返済を受けることができない。さうすると、金を貸したかどうかはともかくとして最初から消滅時効で判断した方が審理上経済的であることになる。そこで、甲が乙に金を貸したかどうかはともかくとして、甲の請求権が消滅時効にかかつてゐるかどうかを判断し、かかつてゐるとしたら、消滅時効の要件をみたしてゐるかどうかについての審理が行はれるのである。

本件でも同様で、被告国は、「要するに、仮に原告ら主張のとおりの事実関係があったとしても、その損害につき、原告らが個人としてわが国に対して直接損害賠償を求める権利はない」とだけ答弁してゐる[4]（九十八頁）。もちろん、国はその国際法上の根拠を詳細に展開してゐるが、李秀英が南京事件の被害者であるかどうかについてはまつたく答弁してゐない。

(4) 判決の構成

裁判所は、判決の中で、厖大な頁数を使つて、不要な歴史認識を述べてゐるが、その前に判決の構成について簡単にふれておく。以下に述べるやうにそれぞれの中身にも問題があるからである。

判決は、「第二 事案の概要」として、原告等の請求の基礎としてゐる事案を詳細に述べ、被告の主張については、「別紙第三の「被告の主張」記載のとおりであり、要するに、仮に原告ら主張のとおりの事実関係があったとしても、その損害につき、原告らが個人としてわが国に対して直接損害賠償を求める権利はないというのである」とこれだけである（九十八頁）。これに反して、原告等の請求を認容する判決であればともかく、原告等の請求をすべて棄却する判決である以上、別紙として原告等の主張も添付してゐるのであるから、被告の主張と同様に、簡単に述べれば足りるのに、原告らの主張する事実については意味もなく詳細に述べてゐる。

次に判決は、事案の概要の最後に、「本件の主要な争点」を掲げてゐる。「1　本件加害行為の存否並びにその歴史的背景と被害の性質」、2から4まで国際法上の論点、5は法例第十一条第一項適用の問題、「6　本件損害賠償請求につき除斥期間が満了しているか。」を掲げてゐる。2から6まではともかくとして、1ははたして本件の争点といへるのか疑問である。「本件加害行為の存否」は、本件加害行為がなければそもそも他の点を判断するまでもないのであるから、判断の論理的前提としては争点といへるかもしれないが、「その歴史的背景と被害の性質」に至つては争点ではない。また、被告国は前述のとほり、「仮に原告ら主張のとおりの事実関係があったとしても、その損害につき、原告らが個人としてわが国に対して直接損害賠償を求める権利はない」と主張してゐるのであるから、本件加害行為の存否についても、実質的には争点ではない。ましてその歴史的背景が争点であるわけがない。ところが判決は、この1について、後述のとほり、詳細な認定をしてゐるのであるから、独善的な歴史解釈を述べるために、自分で争点を作り上げてゐるといはざるを得ない。

それから、「第二　当裁判所の判断」として、以下のとほり異常な判断を示してゐる（九十九頁、しかも第二ではなく、ここは第三の誤りである）。

その第一に「本件に関する基本的な事実関係」として、極端に詳細な事実関係を述べてゐる。この判決がいかに異常であるかを示すために、この部分を何十分の一かに抜萃して示すことにする。

（1）

まづ、判決は、「本裁判は、本件加害行為について原告らが個人として直接我が国に対して損害賠償を求めることができるかどうかという国際法上の法律問題が最大の争点であって、右法律問題を一般的に論じるに際して、本件加害行為の背景または直接の原因となっている歴史的事実の認定評価自体が直接その結論を左右するものではないが」、といひながら、「原告らにおいて、本件加害行為をわが国の本件当時における中国及び中国国民に対する侵略行為ないし戦争行為と結びつけ」、南京事件などの原告等主張の「日本軍による非人道的残虐行為についての戦争責任を問うものであって、右南京虐殺、七三一部隊の実態等については種々議論があり、その存在自体を否定し、ないし、これを殊更に過少評価しようとする見解もあること、そのような戦争犯罪等につき……どのように解決するのが相当であるのかという国際法上の極めて重要な問題が問われていること、これを検討するに際しては、少なくとも一九世紀半ばから一九四五年までの間の中国及びわが国が置かれていた国際的環境や、これと関連する世界、とりわけアジアにおける戦争や紛争や、その結果や、その後現在に至るまでの世界の平和がどのように樹立されるべきであるかなどにつき考慮しないわけにはいかないと考えられ、少なくとも当裁判所としてはそのように考えざるを得ないことなどに鑑み、本件に関する基本的な事実関係と関連して必要と認められる範囲と当裁判所の限られた知見及び能力の範囲内で」、「公刊されている一般的な歴史図書（最近のものとしては、例えば……中央公論新社の「世界の歴史」三〇巻など。……)、……一般的日刊新聞、テレビ放送(例えば、比較的最近のNHK「世紀の映像」など)及び弁論の全趣旨に基づき、当裁判所の認識するところを示すこととする。」といつてゐるが(九十九頁)、ここまで一つの文章なのである。括弧書も含めて、一行十七字で八十二行であるから一千三百字以上である。大体この判決は一つの文章が極端に長い。そしてやたらに括弧書での弁解が多い。判決の文章は一般には読み難いといはれ、一つの文章が長く括弧書も多いが、この判決はその点でも飛び抜けてゐる。

また通常、このやうに、当事者が提出してゐない日刊新聞やその他の書籍を裁判所がかつてに証拠にあげることはない。場合によつては違法である。本件では公知の事実であるからとしてその関連でとりあげてゐるかとも思はれるが、以下のコメントで明らかにするやうに、独善的な歴史解釈を引出すために使用されてゐるので、違法の可能性が高い。この一般書や当事者が提出せず、裁判所がかつてに参照した資料は右の引用では省略してあるが、数十点に及ぶ。

右に引用した文章の中だけでも、「本件当時における中国及び中国国民に対する侵略行為」と決めつけたり、「右南京虐殺、七三一部隊の実態等については種々議論があり、その存在自体を否定し、ないし、これを殊更に過少評価しようとする見解もある」の中の「殊更に過少評価しようとする見解」といふやうにその見解を非難するやうな偏向記述がみられる。

しかも右の一つの文章の後に五十行に及ぶ括弧書があり、そこでまた以下のやうに無益な長広舌をふるつてゐる。

いわゆる「歴史」又は「歴史的事実」については、それが果たして「事実」なのか、「物語」ないし「民族としての記憶」なのか、あるいは、学校で教育されるべき「歴史」としてどのような内容や記述の仕方が望ましいかなどについては議論のあるところであり、そのような歴史ないし歴史教育の「在り方」に関してはもとより当裁判所が判断するものではないので言及せず、ここでは広くほぼ「事実」と認められている事象につき極めて簡単に概観するのみである。

その括弧書はさらに続き、「南京大虐殺」及び「七三一部隊」については、家永裁判で認められ国も争つてゐないので、認められるといひ、

その余の世界史上の大項目的な「歴史的事実」については迷うところであるが、要するに、原告らが「戦争被害」につき個人として我が国に対して直接損害賠償を求めうる権利を有するというべきかどうかを判断するに際して、……一九世紀後半から一九四五年の我が国が無条件で降伏するまでの間の、我が国、中国、アジア、欧米に存した基本的な歴史的事実関係や、その後現在に至るまで繰り返されている全世界における無数の戦

争の存在について認識しておく必要があるとの観点から、多くの漏れがあることを恐れつつ、一般的な歴史書物によって最小限で言及しようとしたものである。

と、これも一つの文章である上、主語がない。しかも我が国が無条件降伏をしたなど誤りもある（この点は裁判所も自覚してゐて後で弁解してゐる）。

（2）

まづ本件原告の被害事実について述べる。「本件加害行為を直接経験した原告ら本人の各供述……は、極めて真摯かつ平明率直に真実を述べたものと認められ、現時点においては被告側が具体的に反証し難い事柄であることに乗じて事実関係を歪曲しているものであると疑わせるところは全く見当たらない。本件加害行為がいずれも非人道的なものであり、これによって原告ら本人、その夫、親、兄弟らが悲惨な被害を受けたことは、前掲各証拠及び弁論の全趣旨からして明らかというべきである。」（一〇〇頁）

これはをかしい。本件判決に限らず、証言が「極めて真摯かつ平明率直」であるとか、詳細であるから真実であるとは判決によく使はれる言葉であるが、本件の場合、被告国はまったく反対訊問を行はず、原告本人等がかつてにしやべつただけのことである。判決の結論に必要もないのに真実であるなど認定するのは、異常である。現に本件判決でも原告の一人は、永安市で日本軍の空爆を受けた被害の賠償を求めてゐるのであるが、この点について判決は、「昭和一八年一一月当時の永安市がどのような都市で、日本軍がなぜ空爆したのかについても必ずしも定かでない。しかし、結局本件の結論を左右しないので措くこととする。」といつてゐるのであるから結論を出すには無駄なことをしてゐるわけである。

(3)

それから「最小限で言及しようとした」歴史的事実の厖大な長広舌が始るのである。「本件当時わが国が中国においてした各種軍事行動は、……我が国の軍部がその支配体制を確立し、……時に下克上的な軍部等に引き回されるまま、……中国内部の政治的軍事的極めて複雑な混乱に乗じて、その当時においてすら見るべき大義名分なく、かつ十分な将来的展望もないまま、独断的かつ場当たり的に展開拡大推進されたもので、中国及び中国国民に対する弁解の余地のない帝国主義的、植民地主義的意図に基づく侵略行為にほかならず、この「日中戦争」において、中国国民が中国国内における右混乱にもかかわらず大局的には一致して抗日戦線を敷き、戦争状態が膠着化し、わが国の占領侵略行為及びこれに派生する各種の非人道的な行為が長期間にわたって続くことになり、これによって多数の中国国民に甚大な戦争被害を及ぼしたことは、疑う余地がない歴史的事実というべきであり、この点について、わが国が真摯に中国国民に対して謝罪すべきであること、国家間ないし民族間における現在及び将来にわたる友好関係と平和を維持発展させるにつき、国民感情ないし民族感情の融和が基本となることは明らかというべきであって、わが国と中国との場合においても、右日中戦争の被害者というべき中国ないし中国国民のみならず、加害者というべきわが国ないし日本国民にとっても極めて不幸な歴史が存することからして、日中間の現在及び将来にわたる友好関係と平和を維持発展させるに際して、相互の国民感情ないし民族感情の融和を図るべく、わが国がさらに最大限の配慮をすべきことはいうまでもないところである。」（一〇〇頁）

これが基本的な事実関係であらうか。当時の中国の複雑な歴史をまつたく顧慮することなく、「その当時においてすら見るべき大義名分なく、かつ十分な将来的展望もないまま、独断的かつ場当たり的に展開拡大推進されたもので、中国及び中国国民に対する弁解の余地のない帝国主義的、植民地主義的意図に基づく侵略行為にほかならず」と我が国の行為を短絡的に断罪して、「わが国が真摯に中国国民に対して謝罪すべきである」とか、我が国が中国と友好関係を維持するには「わが国がさらに最大限の配慮をすべきことはいうまでもない」などと教訓まで垂れてゐる。

(4)

「本件事案に鑑み、前記趣旨によって、右のような極めて不幸な歴史が生じた両国をめぐる国際的背景の概略について見るに、わが国及び中国のそれぞれの歴史並びに一九世紀、二〇世紀における欧米、ロシア、アジアの各歴史は、それぞれ複雑な要素を含むものであり、また、わが国と中国との交流については、長く見れば一〇〇〇年以上にわたる交流を見るべきであり、かつ、わが国及び中国の歴史の何処を重視するのかも単純ではなく、すでに膨大な文献等があり、その見方が必ずしも一致しているわけでもなく、もとより当裁判所がそれを研究し尽くしたということもなく、ひいては、当裁判所がそれにつき言及することが本件の結論を直接左右するわけでもないというべきであろうが、わが国が中国大陸を侵略するに至った背景事情として、一九世紀以降の欧米及びロシアのアジアへの植民主義的進出や、わが国、中国、朝鮮を含むアジアの諸国の事情があったこと、一九四五年のわが国のポツダム宣言受諾によって世界平和が到来確立したというわけではなく、その後もいわゆる冷戦や、無数の「熱戦」が世界各地で繰り返されていること、「戦争被害」に関する賠償問題についての「国際法」上の取扱いという法的問題を一般的に考える上で、右のような近代及び現代における「戦争」や「侵略戦争」や「侵略行為」や「戦争被害」につき、多少なりとも見ておく必要があるとの観点から、……右に関係があると思われる極めて基本的な事項につき見ておくこととすると、以下のとおりである。」といつて、中国での明朝、朝鮮での李朝の成立、バスコ・ダ・ガマのインド到達、マゼランの世界周航、ポルトガル人の種子島上陸、レパント沖の海戦、イェルマークのシベリア征服、豊臣秀吉の朝鮮出兵、イギリスの東インド会社設立、江戸幕府の鎖国体制、オランダによるポルトガルからのマラッカの奪取、清の成立、アメリカの独立戦争、インドのことから、シンガポール、アヘン戦争、香港の割譲、など延々と歴史上の事項が続いてゐる。（二〇一頁）

読者はこれは何だと思ふに違ひない。傑作なのは、また括弧書で清の成立やその領土獲得、朝貢外交などを述べ、「それが「正義」かどうか、それ自体他民族に対する侵略行為でないのかどうかについては、いまだ「国際法」に基づきその「法的責任」を問われることはされていない。もとより、例えば一九世紀以前にされた右のような領土取得等に関わる問題について、そのような「国際法」が確立していたといえるのかについては、不明というほかない。」と述べてゐることである。清の領土拡大の法的責任が問題となるのであれば、いづれ豊臣秀吉の朝鮮出兵の法的責任も問題となるであらう。すると元寇の法的責任はどうなるのであらうか。

（5）

さうしてコソボ空爆などにもふれ、「地球規模で無数に繰り返されている民族の恨み、宗教、政治、軍事等が関わる諸々の熱い戦争、紛争が発生していることをみるとき、そのような戦争等について果たして何時どのような「国際法」が確立しているといえるのか、そもそも、民事法的観点とすれば「不法行為」以外の何ものでもない殺戮、破壊等が肯定されている戦争において、戦勝国ないし勝利者にも実際に適用されるような、真実「法」というに値するルールがどれほど確立しているといえるのか、平明率直に考えて、極めて遺憾ながら、数々の疑問があるといわざるを得ないところである。」（一〇一頁）

この長い部分も括弧書であるが、戦争と一般民事事件の不法行為と比較するなどピントはづれである。

(6)

これからまた延々と、上海のイギリス租界の出現、太平天国の乱、その他条約の名前や、パリ万国博覧会、スエズ運河開通、その他数十の項目が列挙され、日露戦争の経緯、ポーツマス条約の締結などについて述べ、これを当時の我が国民が不満として暴動が発生し、「このように、十分な情報がないまま客観的冷静に判断をしない日本国民が、新聞等に煽られるなどして政府や軍部以上に強硬な対外交渉を求めるという事態が、一九四五年の無条件降伏まで続いていたように見える。」（一〇二頁）

我が国の国民と政府との関係について、日露戦争から大東亜戦争終了までを一括して同じ性格を有してゐるなど、無茶苦茶な論理である。大正デモクラシーや議会政治の変遷などまつたく無視してゐる。

(7)

それから、第二インターナショナルの成立、辛亥革命その他の記述が続き、中華民国の成立に至る。中華民国の成立の事情といふたつた一行の記述の説明を括弧書で六十四行に亘つて詳細に記述してゐる。そこで、革命の理想から、袁世凱の陰謀に続いて、袁世凱の行為、その死、孫文と軍閥の依存対立などを述べてゐる。一転してまた第一次世界大戦の勃発といふ一行の記述の後、括弧書で五十五行に亘つて、機関銃、毒ガス、Uボートといつた新兵器にまでふれて詳細に述べ、我が国が漁父の利を得て、「中国大陸への侵略行為をし続けた。そのため、わが国は、第一次世界大戦から、現代戦争の悲惨さ、長期の戦争が交戦当事国を敗戦国であろうと戦勝国であろうと国力を消耗し尽くすものであり、戦争の早期終結が何よりも重要であることを含めて、政治、外交、軍事等につき多くのことを学ぶべきであったのに、これをせず、とりわけ、そのころ以降の政治家や軍部上層部らに、外交、国際問題等についての現実感覚が乏しいものが多かったことなどから、これを痲痺させたままであり、結局、……原爆攻撃を受け、ポツダム宣言を受諾して連合国に対しほぼ無条件で降伏するほかなくなったと評するものが多い。もっとも、……第一次世界大戦から多くのことを学び損ねたというのは、ひとり我が国のみというわけではないと考えざるを得ない。」（一〇三頁）

以上の記述は、何を寝言を言つてゐるのかと言はざるを得ない。

国際私法に基く個人の権利

原告等は、国家間の外交交渉による賠償問題と併存して、国際私法に基いて戦争被害を受けた個人が加害国家に対して直接損害賠償を求めることができると主張する。判決は、当然のことながら「個人に対する損害賠償を外国が裁判によって是認したという事例はほぼ皆無であると同時に、被害を受けた個人の所属する国の私法上の不法行為に該当するからといって外国が右個人に対する損害賠償を裁判によって認めたという事例もほぼ皆無である」といつて原告等の請求を認めない。

しかし、随所に幼稚な議論と誤つた歴史認識を示してゐる。

判決は、戦争が「法」とは関係なく過去から現在まで絶え間なく発生し、その経過も原因も千差万別である、戦争当時はもちろん「現時点において回顧的に分析してすら、正義がどちらかにあったのか、ほとんど判定し難い」といひながら、「もとより日中戦争は我が国による侵略行為にほかならない」と断定してゐる。その反面、戦争は、いろいろ正当化されたとしても、「あるべき人類普遍の道徳からすれば正当化できるようなものはほとんどなく、それぞれの時点における国際的力学のみによって当面の正当化が支えられているか、あるいは支えられているに過ぎないというのが、今後の世界の平和を考えるに際して最も現実的で、公平かつ安全に適う見方というべきであろう」など、幼稚な議論を展開してゐる。「あるべき人類普遍の道徳」とは何かを示さないで、戦後のすべての戦争が「それぞれの時点における国際的力学のみによって当面の正当化が支えられているか、あるいは支えられているに過ぎない」など、日中戦争は侵略であるといふ独善的な価値判断をしてゐる判決が、突然単純な現実主義的なこれまた独断を述べてゐる。

さらに我が国の中国に対する侵略による、原告等と同様あるいはそれ以上の被害を受けた者は二千万人以上であると決めつけ、原告等のいふ十五年戦争の被害者は数千万人以上であると推測されるとしてゐる。これまた独断といふしかない。ここでいふ被害者とは何であらうか。一応戦争による死者かとも思はれるが、「原告らと同様に」といふことであれば原告等の中には李秀英のやうに生存してゐる者もゐるから死者ではない、といつて、死者を除外するものではもちろんないであらう。さうすると戦争によつて何らかの被害を受けた数千万の者といふことになるが、これで被害の甚大さを示すことになるのであらうか。

判決は、このやうに、我が国は、中国に対して迷惑をかけたとしても、中華民国民法の規定する不法行為に基く損害賠償請求権を認めるやうな国際法はないとし、それでも、「わが国が中国国民に及ぼした被害が甚大であることから敢えて付言するに、問題は、……侵略行為による大量かつ深刻甚大な被害につき、それがその国の私法上の不法行為に該当するからといって、個々の被害者が直接外国に対してその国の裁判所に損害賠償訴訟を提起して個別の賠償を求め得る権利を有するということが、人類普遍の道徳に適う唯一の方途であり、そ

うでなければ国際法的正義と信義則に反するといえるかどうか」を論じてゐる。（一二三頁）
結論は別として、言葉づかひも稚拙であるし、問題のたてかたも妥当でないし、以下に述べる論理もをかしい。
我が国が帝国主義政策をとつたのは、やむを得ない事情があつた、また、結果的にアジア諸国の独立等を助長したといふ面もある、としながら、すぐに、「もとより、当裁判所は、そのような事情をもってわが国のアジア諸国に対する侵略行為を正当化しようとするものではなく」と付け加へる。
一方、原告等が主張するやうな個人の権利を認めれば、国家間では、日中共同声明以来友好関係を維持すべく多大の努力をなされ、その効果もあらはれてゐるのに、五十年以上も前の戦争に起因する被害について、双方の裁判所に、無数の裁判が係属するのは異様であり、明らかに国際的友誼と平和に適ふものではない、そんなことを認めれば両国民間の憎悪と不信を反覆増進させるだけであるとして、次のやうにいふ。

そのように一見正義であるかのような、しかし現実には明らかに異様な事態は、昭和二〇年の敗戦に至るまでの間国益と国民の保護を防衛するためと称してわが国が朝鮮半島、満州、中国に進出し、ついにはあからさまな侵略行為、侵略戦争にまで及んだのと同じような事態を、相互に再度招来しかねない危険性を残すことにほかならないのではないかと強く疑わざるを得ない。

また、二十世紀において、軍事行動を起す国は、いづれも何らかの正義や大義を標榜してゐるのに、我が国はそのやうな大義さへ標榜できなかつたとして次のやうにいふ。(一三五頁)

日中戦争については、……我が国は「暴支膺懲」などという、我が国の戦国時代のような、およそ近代国家のすることとは考えられないような「大義」しか主張し得なかったのであり、そのようなおよそ我が国にしか通用しない「大義」によって侵略行為を泥沼化し、何千万、あるいは億単位の中国国民に戦争被害を及ぼしたのであって、それによって中国国民の我が国に対する容易に解消し難い悪感情が残り続けることを恐れざるを得ないところである。

ここでは我が国から受けた戦争被害者は億単位に拡大されてゐる。もつとも我が国にも中国に進出せざるを得なかつた当時の国際的事情があつたし、「数年間にせよ一時的に欧米を排除したことが、後日のアジア諸国の独立等を助長したという面もないわけではない」といひながら、またも次のやうにいふ。(一三五頁)

それによって我が国が中国やアジア諸国を侵略したことを中国国民やアジアの人々に向かって正当化することは許されず、我が国の右のような侵略行為が結局当該紛争当事国及びその国民との間に払拭し得ないような憎悪、不信を生じさせて敗戦に至ったことは、今後なお我が国としては肝に銘じるべきであろう。

戦後補償

ただ、本件判決は、前にも事実摘示のところでも述べたが、いはゆる戦後補償の問題について、まはりくどく、後に述べるやうな問題点はあるが、結論としてはおほむね次のやうな妥当な判断をしてゐる。（一三六頁）

原告らは、我が国の戦後賠償等が、例えばドイツの場合と対比して極めて不十分なものであるというのであるが、大きく見て、現時点まで、ドイツは戦争行為について他国に対する賠償はしておらず、国内的解決としてナチスの犯罪的行為に由来して主としてユダヤ人に対する個人補償をしているものである。一方、わが国は、ナチスのような特定の民族、種族の大々的な殲滅行為（ホロコースト）を企図したことはないので、ドイツの場合のような趣旨での個人補償の問題は国内問題としてはほとんどないのである（もとより、我が国においても、思想統制、危険分子と見なされた者に対する残虐な弾圧という問題はあるのであるが、それもまた著しく正義に反するものであるにせよ、民主主義を標榜する国家においてすら、戦時にあっては大なり小なり一般的にされていたことであり、現時点においてすら、民主主義を標榜しながら、当該国家の国益や独善的な価値に反する思想や行為は許容しないという国家や社会体制や国民の「通念」が存在することは、周知のところというべきである。誤解を避けるため繰り返すが、右は、当裁判所の認識するところを述べているにとどまり、それをもってわが国における敗戦までの思想弾圧を擁護しようとするものでは全くない)。しかし、我が国においては、前記の侵略戦争、侵略行為、種々の戦争犯罪によってアジア諸国に対して甚大な戦争被害を及ぼしたことから、当該国家（略）に対して賠償するという形で賠償問題を解決しようとしているものである。いわゆる「戦後補償」の問題に関しては、それぞれの国家の歴史と戦争の相手方とその被害態様を対比しなければ、どちらが正しいとか、合理的なものであるとか容易に断定できないものというべきである。この点については、もとより、当裁判所が判断すべきものではないが、我が国が採用している右のような解決方法は、少なくとも、従前の国際法上の戦争行為に関する賠償問題の解決方法としては通常のものであり、それ自体としては不当なものとはいえない。

問題点としては、今まで述べてきたところと同じであるが、我が国の戦争が侵略戦争であると決めつけてゐること、戦後処理は侵略戦争を起したからではなく、我が国が戦争に負けたから負はされたものであることを見落してゐること、戦後補償の問題は判決がいふやうに、「それぞれの国家の歴史と戦争の相手方とその被害態様を対比しなければ、どちらが正しいとか、合理的なものであるとか容易に断定できないもの」といふやうなものではないこと、が問題である。さらに例によつて、「当裁判所が判断すべきものではない」といふのであれば、判断すべきではない。

戦後補償の問題は、ドイツのやうに国家が潰滅した場合と、我が国のやうに整然と降伏した場合とで異る。我が国のやうな降伏は通常の降伏であり、停戦協定と講和条約があり、講和条約において戦後補償またはその方法や方向が定められてゐるのである。何が合理的とか、正しいとといふやうな理論的なものではない。

以上みてきたやうに、判決は事実の判断で述べたことを何回も繰り返し、しかもすべての文章が冗長である。「危険性を残すにほかならない」といへばよいのに、「危険性を残すにほかならないのではないかと強く疑わざるを得ない」といつたたぐひである。

最後に、それらの欠点を凝縮したやうな末尾の部分を引用しておきたい。（一三七頁）

最後に、いうまでもないが、戦争や、平和や、戦争被害についての賠償問題については各人ごとの自由な見方が可能であり、もとより当裁判所の前記のような見方が唯一真正な見方であるとは毛頭考えていないものであり、およそ一司法機関が右のような大きな主題につき判断したことが格別の意味を有することもあり得ないはずであると考えているものである。……今後のより妥当な解決を図るに際しての一素材を提示するほかないとの考えから（それが、たとえ全く役に立たないとしても、あるいは、有害無益と酷評されようとも）、当裁判所が限られた知見と能力の範囲で敢えて右に言及することとしたにすぎないものである。したがって、当裁判所は、以上に関わるいかなる歴史も、国家も、民族も、イデオロギーも宗教も、歴史観も、何ら格別に非難する意図がないものであることと、一定の場合に戦争が許されるとか、勝敗やいかなる犠牲にもかかわらず戦争しなければならない場合があるなどという、ある種の戦争美化論に与する意図も全くないものであることを強調しておきたい。

これまた、韜晦に韜晦を重ねたやうな文章である。

その判断に、格別の意味を有することもあり得ないはずであると考へてゐるといひながら、今後の問題の解決に一素材を提供したいとして、自分の判断に意味を持たせようとしてゐる。いかなる歴史観をも非難するつもりはないといひながら、支那事変に関して、何回も口をきはめて我が国の中国侵略である、弁解の余地がないと非難してきたではないか。

以上引用の多い、「戦後最悪の判決」批判となつたが、冒頭で述べたやうに、これは左翼的な判決ではない。いはば、我が国はアジア諸国を侵略した、その結果、アジア諸国から憎まれて永久に謝罪の気持を持ち続けなければならないといふ、日本国憲法史観に基いた判決である。普通いはれてゐる東京裁判史観である。

これが誤りであることは自明であるが、日本非難の急先鋒である韓国や中国からも注目すべき意見が出はじめてゐる。たとへば金完燮『親日派のための弁明』がその代表的なものである。中国の日本に対する憎悪について、本件判決は、我が国の侵略によるものであると決めつけてゐるが、石平『中国の愛国攘夷の病理』ではさうではないといふ。[5]現代の中国人の偏狭な愛国心が日本のみならず周辺諸国に対して憎悪尊大さを示すのであるといふ。

判決の歴史叙述や判断は引用を読んだだけでもいかにもこつけいで、まとはづれである。この判決を読んでつくづく感じることは、判決では歴史判断はできないし、してはならないといふことである。

関釜元従軍慰安婦訴訟[6]（一審判決　山口地裁下関支部平成十年四月二十七日）

立法不作為義務

いはゆる戦後補償を求める裁判は、数百件あるが、国や企業などの被告側が敗訴したものは、私の知る限り数件である。しかもそれらも一件を除いてすべて高裁や最高裁で逆転して原告側が敗訴してゐる。ここでは、国側が敗訴した事件について述べる。

この事件の原告等はいづれもいはゆる従軍慰安婦と女子勤労挺身隊員であった韓国人女性であり、国に対し損害賠償と、国会及び国連総会における公式の謝罪を請求した。

原告等は、元慰安婦については、帝国日本が原告等を上海及び台湾等の慰安所に強制連行し、長期間複数の軍人との性交渉を強要したこと、挺身隊員については、帝国日本が原告等を日本に強制連行し、不二越鋼材工業富山工場等の軍需工場において長期間肉体労働に従事させたと主張してゐる。

裁判所は例によつて、ほぼ原告の主張どほりの事実を認めてゐる。裁判所はかういふ。

慰安婦原告らが慰安婦とされた経緯は、必ずしも判然としておらず、慰安所の主人等についても人物を特定するに足りる材料に乏しい。また、慰安所の所在地も上海近辺、台湾という以上に出ないし、慰安所の設置、管理のあり方も、肝心の旧軍隊の関わりようが明瞭でなく、部隊名すらわからない。

しかしながら、慰安婦原告らがいずれも貧困家庭に生まれ、教育も十分でなかったことに加えて、現在、同原告らがいずれも高齢に達していることをも考慮すると、その陳述や供述内容が断片的であり、視野の狭い、極く身近な事柄に限られてくるのもいたし方がない……。かえって、……慰安婦原告らは、自らが慰安婦であった屈辱の過去を長く隠し続け、本訴に至って初めてこれを明らかにした事実とその重みに鑑みれば本訴における同原告らの陳述や供述は、むしろ、同原告らの打ち消しがたい原体験に属するものとして、その信用性は高いと評価され、先のとおりに反証のまったくない本件においては、これをすべて採用することができるというべきである。

また、女子勤労挺身隊についても、慰安婦の場合と同様、原告等の主張をほぼ認めた詳細な認定をしてゐる。判決はいふ。

女子挺身隊の実態はなお解明不十分であり、また、同原告らの陳述等の間にも、若干の食い違いや整合的な理解が困難な部分があったり、逆に、過度の一致から記憶の相互干渉が疑われる部分があったりするため､必ずしも全面的に正確ということは出来ない。しかし、有力な反証もなく、また、これらの陳述等が、信用性判断の重要な基準とされる事実と感情との自然な絡み、関連性を含むことからして、それらが同原告らの原体験に基づくものであることに疑いはなく、たとえ細部に記憶違いがあるとしても、大筋においては信用できると考える。

これは異常な判断である。「有力な反証がない」からといつて、一方的な主張が認められてはたまらない。それは裁判ではない。もつとも、後で述べるやうに、慰安婦については、国に損害賠償義務を認めてゐるのであるから、慰安婦の被害の有無について判断をしなければならないとはいへる。そして国が具体的な反証を提出しないのであるから、ある程度原告の主張を取入れた判断となるとしても異常な判断である。挺身隊については、国の責任をまつたく認めてゐないのであるから、これは不必要な判断である。それなのに、それぞれの原告について、国民学校の担当の先生がかう言つてだまされて、富山工場に強制連行され、給料もまつたくもらへなかつたとか、お花を習はせるといふ約束だつたのに結局習はせてはくれなかつたとか、詳細な認定をしてゐるのは例によつて例の如しといふほかない。

しかも、認定された事実も、とても真実と思はれない部分が多く、「大筋において信用できる」とはいへないのではないだらうか。たとへば、国が出した資料によれば、原告等のそれぞれについて標準報酬等級が定められてゐるのに、どの原告も賃金を一銭ももらつてゐないと主張してゐるのである。

さらに異常な判断がある。原告らが、ポツダム宣言とポツダム宣言が引用するカイロ宣言とが日本国憲法の根本規範であると主張したのに対し、裁判所は、カイロ宣言は別として、ポツダム宣言は日本国憲法の根本規範であると認めたのである。

その上で、国会に立法不作為義務違反があつたとして、元慰安婦についてだけ一人三十万円の損害賠償を認めた。

立法不作為義務とは、国は、適切な立法をすべきであるのにそれをしなかつた場合に損害賠償を認めるといふものである。立法不作為義務違反を求めた裁判はいくつもあるが、最高裁で認められたのは、らい病予防法違憲訴訟と在外邦人選挙権制限違憲訴訟だけである。本件の原告の主張を要約すると、国会議員には、帝国日本による侵略戦争及び植民地支配により被害を被つた個人への戦後賠償ないし補償を行ふ立法をなすべき義務があるのに、それを怠つてゐることについて、国家賠償法に基いて国は賠償しなければならない、といふものである。

最高裁は、立法不作為義務をかなり厳格に解釈してゐるが、本件の下関支部の裁判官はそれでは狭すぎるといつて、次のやうに述べる。

単に、「立法（不作為）の内容が憲法の一義的な文言に違反しているにもかかわらず国会があえて当該立法を行う（行わない）というごとき」場合に限られず、次のような場合、すなわち、前記の意味での当該人権侵害の重大性とその救済の高度の必要性が認められる場合であって（その場合に、憲法上の立法義務が生じる）、しかも、国会が立法の必要性を十分認識し、立法可能であったにもかかわらず、一定の合理的期間を経過してもなおこれを放置したなどの状況的要件、換言すれば立法課題としての明確性と合理的是正期間の経過とがある場合にも、立法不作為による国家賠償を認めることができると解するのが相当である。

そこで、以上の見地に立つて、本件を検討するとして、従軍慰安婦について、次のやうに述べる。

従軍慰安婦制度は、その当時においても、…違法の疑いが強い存在であったが、単にそれのみにとどまらず、同制度は、…植民地、占領地の未成年女子を対象とし、甘言、強圧等により本人の意思に反して、慰安所に連行し、…強要したものであるから、これが二〇世紀半ばの文明的水準に照らしても、極めて反人道的かつ醜悪な行為であったことは明白であり、…帝国日本は、旧軍隊のみならず、政府自らも事実上これに加担し、…多くの女性その後の人生までも変え、…今日まで同女らを際限のない苦しみに陥れている。

そして、そのやうな場合、戦前の行為であつたとしても、国としては、被害者にそれ以上の被害の増大をもたらさないやう配慮、保証すべき条理上の法的作為義務があるとする。このやうな義務がいつ発生したかといふと、従軍慰安婦問題が国際問題化し、河野談話が出されて（判決はここで河野談話の内容を詳しく述べてゐる）、「心からお詫びと反省の気持ち申上げ」、国として今後どうすべきかを真剣に検討するといつてゐるのであるから、そのころ、国会でこのやうな女性たちへの補償立法をしなければならないのにしなかつた、として一人三十万円、合計九十万円の賠償を認めたのである。

事実認定としても、いはゆる慰安婦の強制連行の事実などまつたくなかつたこと、また、軍の干与とは、衛生上やむしろ慰安婦の権利擁護の干与であつたことなどが明らかになつてゐる現在、無茶苦茶な認定である。その事実判断に立つた法的判断も当然無茶苦茶である。しかし、河野談話がいかに裁判にまで悪影響を及ぼしてゐるかがわかる。

この下関の裁判所の判決は、広島高裁において逆転され、原告側の全面敗訴となつた[7]（平成十三年三月二十九日判決）。

広島高裁は、国会の立法義務違反については、最高裁のいふやうに、「国会議員の立法不作為が国家賠償法上違法と評価されるのは、特定の具体的な内容の立法を行わないことが、憲法の一義的な文言に違反している場合、すなわち、特定の具体的な内容の立法を行うべき立法義務が、憲法の明文をもって定められてゐるか、又は、憲法の文言の解釈上、右立法義務の存在が、一義的に明白であるにもかかわらず、国会があえて当該立法を行わないというような例外的な場合に限られる」ので、一審判決の立法義務違反は認められないとした。ただ事実関係については下関支部の判決について特に異議を述べず、次のやうに述べた。

一審原告らが元従軍慰安婦ないし元女子勤労挺身隊員として受けた被害の重大さ、その性質等にかんがみると、これらに対する補償を可能とする立法措置が講じられていないことについて不満を抱く一審原告らの心情には察するに余りあるものがあるが、右補償問題に関する対応の在り方に関しては、右に述べた諸事情を踏まえた立法府の裁量的判断にゆだねられているものといわざるを得ない。

カイロ宣言やポツダム宣言が日本国憲法の根本規範であるといふ点も否定した。これは当然といへば当然であるが、考へてみれば、私は、原告側弁護士や下関支部の裁判官のいふ日本国憲法の根本規範がポツダム宣言であるといふことは、そのことから直ちに国の損害賠償責任を認めることはできないとしても、案外正しいのではないかと思ふ。日本国憲法は、占領軍が占領政策を遂行するための占領基本法であるからである。したがつて、我が国が主権を回復した際には、直ちに日本国憲法を全面改正しなければならなかつたのである。そしてポツダム宣言を根本規範としてゐる現行憲法は改められなければならないと思ふ。

劉連仁強制連行・強制労働損害賠償請求訴訟[8]（一審判決　東京地裁平成十三年七月十二日）

これは、他の戦後補償の裁判とは事例を異にする。

裁判所が認定した事実は、以下のとほりである。ただ、裁判例と同様、事実認定について国は何の反論もしないので、本当にこのやうな事実が真実かどうかはわからない。多分原告等の主張するままの事実認定であらう。

中国山東省の劉連仁といふ男が、昭和十九年九月二十八日ころ、朝自宅を出た直後、「日本軍の支配下にあった中国軍の兵士から先に剣の付いた銃を突きつけられ、理由を告げられることなく同行を求められた。」それから数ヵ所を転々とした後、昭和十九年十月二十二日、青島を出て、二十八日門司港につき、それから汽車に乗せられて北海道の雨龍郡沼田村幌新太刀別所在の明治鑛業株式会社昭和鑛業所に連れて来られ、そこで作業に従事してゐた。昭和二十年七月三十日ころ、他の中国人四人とともに日本人の監督に反抗したことに対する処罰をおそれ、北海道の山中に逃亡した。四人の中国人は、昭和二十一年四月までに次々と発見され、劉のみが一人で北海道の山中を逃走した。約十二年六ヵ月後の昭和三十三年一月末ころ、北海道石狩市当別町の山中で発見され、保護された。

劉については保護された後の日本政府の対応と劉およびその支援者のやりとりが、判決中に述べられてゐる。当時の岸信介総理大臣が衆議院において答弁したり、帰国に際し、当時の愛知揆一内閣官房長官から、見舞金が提供されたが、拒否されたことなどが述べられ、帰国前日の支援者による集会の内容や、この集会で、日本政府に対する抗議声明などが出されたことなどが書かれてゐる。

平成六年、劉は、日本の弁護士に会ひ、訴訟提起を示唆され、平成八年本件訴訟を提起した。ところが、劉は、平成十二年九月二日死亡したので、本件請求は、劉の妻、長男長女の三人が承継した。本件訴訟も、日本の弁護士や戦後補償を推進してゐる者によつて起されたものであることがわかる。

ここで、裁判所が整理した原告の法律的な主張を、他の戦後補償の裁判とも共通するので、あげておく。

1 国際法あるいは国際慣習法に基づく損害賠償請求権について

①ハーグ陸戦条約三条に基づく損害賠償請求権の成否[9]

②強制労働条約違反に基づく損害賠償請求権の成否

③奴隷条約及び国際慣習法としての奴隷制禁止違反に基づく損害賠償請求権の成否

④人道に対する罪違反に基づく損害賠償請求権の成否

2 法例一一条により準拠法となる中国民法に基づく損害賠償請求権の成否について[10]

①本件の強制連行、強制労働の法律関係が国際私法の対象となると言えるか。
（本件の強制連行、強制労働の法律関係が公法的法律関係か私法的法律関係か。）
②本件の強制連行、強制労働の法律関係が法例一一条にいう「不法行為」にあたると言えるか。
③本件の強制連行、強制労働につき法例一一条二項の適用があると言えるか。
（本件の強制連行、強制労働につき「国家無答責原則」の適用があると言えるか。）
④本件の強制連行、強制労働につき法例一一条三項による民法七二四条後段の適用があると言えるか。

3　安全配慮義務違反に基づく損害賠償請求権の成否について
①原告の主張する安全配慮義務違反が具体的に特定されていると言えるか。
②本件の強制連行、強制労働につき安全配慮義務の前提となる「特別の社会的接触の関係」があると言えるか。

4　戦前の民法のもとで本件の強制連行、強制労働につき被告が損害賠償責任を負うと言えるか（国家無答責の法理が認められるか）。

5　国家賠償法に基づく損害賠償請求権の成否について
①被告が、先行行為に基づく救済義務を負っていたと言えるか。
②被告が、安全配慮義務に基づく救済義務を負っていたと言えるか。

③被告が、国際法上の違法状態を解消する義務として救済義務を負っていたと言えるか。
④国家賠償法六条の相互保証の適用があると言えるか。[11]
6　民法七二四条後段の適用の有無について[12]
①民法七二四条後段の法的性格は時効か除斥期間か。
②民法七二四条後段の期間の起算点はいつか。（平成七年三月を起算点とすることが認められるか。）
③除斥期間の適用制限が認められるか。
7　立法不作為に基づく損害賠償請求について
被告が原告らを始めとする被害者に対する救済立法の制定をしなかったことが違法であると言えるか。

裁判所が整理した原告の法的主張のうち、1から4については排斥し、5と6を認め、7については判断しなかった。
5は、国家賠償法についての裁判所の判断であるが、「太平洋戦争の遂行という目的のために、国策として、その意思に反して強制的に日本国内に連行され、強制的に労働に従事させられた者については降伏文書に調印することによって、これらの者を強制連行した目的自体が消滅したと言えることからすると、被告は、降伏文書の調印とそれに伴う強制連行の目的の消滅によって、事柄の性質上当然の原状回復義務として、強制連行された者に対し、これらの者を保護する一般的な作為義務を確定的に負ったものと認めるのが相当である。」といふ。

これは、措辞は問はないとして（本当にその意思に反して日本へ連行されたのかどうか、それが正しいとして）、一般論としては妥当であるが、劉は作業中に逃亡したのであるから、そのやうな者に対しても一般的な作為義務を国が負ふかどうか疑問である。

判決はいふ、「厚生省の援護業務担当部局の職員は、甲太郎が四名の中国人労働者と逃走したことを知り得たのであるし、……四名が……次々と発見され、中国に送還されていることからしても、これらの者から事情を聴取するなどし、あるいは警察等の援助を得ることによって、早期に甲太郎を保護することができた可能性を否定することはできないから、前記甲太郎に対する保護義務の懈怠と甲太郎が北海道内を逃走することによって被った被害との間には相当因果関係を肯定できる[13]」と。

劉に対する不法行為が認められるとして、民法第七二四条後段が適用されるかどうかである。つまり、不法行為の時から二十年を経過すれば、被害者は損害賠償を請求できないのである。この二十年について、時効なのか除斥期間なのか争ひがあり、通説判例は除斥期間であると解釈してゐる。[14]

この二十年の起算点はいつか。原告側は、平成七年三月九日であると主張した。この日は、中国の銭基泓外相が中国の全国人民代表大会において、対日戦争賠償問題について、昭和四十七年の日中共同声明で放棄したのは国家間の賠償であつて個人の賠償請求は含まれないとの見解を示し、補償の請求は国民の権利であり、政府は干渉すべきではないとした発言によつてはじめて原告の権利行使可能性が生じたからだといふのである。また、日中平和友好条約が締結された昭和五十三年十月二十三日まで本件損害賠償請求権に関する除斥期間は進行しなかつたとも主張した。

しかしながら、裁判所はこれらの主張を排斥し、「除斥期間の起算点が不法行為時であることは、条文の文理上明らかであり、……権利行使可能性の観点から解釈することはできないと言わざるを得ない。……除籍期間の性質とその意義に照らせば、甲太郎の法意識、経済状況、あるいは中国国内における政策的な事情はもとより、日本との国交正常化がなされていなかった等の事情についても、これが除籍期間の進行を妨げる理由にはならないというべきである。」と断定した。中国の外務大臣の演説が除斥期間の起算点となるといふやうな荒唐無稽の主張もきつぱりと排斥した。国の劉に対する不法行為のときとは、劉が発見された昭和三十三年一月末ころであるとした。平成八年の訴訟提起まで三十八年を経過してゐる。

原告側は、除斥期間説をとつたとしても、次の予防接種ワクチン禍上告審判決[15]を引用して、一定の場合には、「二〇年の経過という一事をもって、原告らの請求権を否定することが、著しく正義と公平の理念に反する」と主張した。

どのやうな場合かといふと、「①本件不法行為の残虐性と被害の重大性、②本件不法行為、損害賠償義務の存在の明白性、③原告の権利行使の不可能性、⑤被告の地位と義務者保護の不適格性の各具体的事実」である。

したがつてこの理論からすると、国にはたしかに劉を保護する義務があり、それを怠つたけれども、除斥期間を経過してゐるので、劉は損害賠償を国に請求することはできないとなる。しかし、判決はさうではなかつた。裁判所は、除斥期間を経過してもなほ、除斥期間の適用を制限する場合があるかどうかについて判断した。

予防接種ワクチン禍事件最高裁判決では予防接種を受けた幼児について、生後五ヵ月で、予防接種法に基いて痘瘡の集団接種を受けたが、その一週間後から痙攣、発熱を発症し、まつたく意思能力のない寝たきりの状態となつた。

接種の時から二十二年経過して原告が二十二歳になつて、原告は国に対して国家賠償法第一条に基く損害賠償、安全配慮義務違反による損害賠償、または憲法に基く損失補償を求める訴訟を提起した。もちろん原告は意思能力がないのであるから、禁治産宣告を受け父親が後見人に選任され、後見人が訴訟を提起したのである。[16]

東京高裁は原告の請求をいづれも認めなかつた。国家賠償については、除斥期間が二年過ぎてゐるから認められないといふものであつた。[17]

最高裁は、予防接種ワクチン禍事件において除斥期間を二年過ぎたが、例外として国の安全配慮義務違反を認めた。その理由を要約すると次のやうになる。

通常の時効期間が満了する前六カ月以内に未成年者や禁治産者（現在では成年被後見人と呼ばれる）が法定代理人がゐなかつた場合、その者が成人に達したり、法定代理人が就職したりしたときから六カ月は時効が完成しないといふ規定が民法にある（第一五八条）。これは、未成年者や禁治産者は、自分で時効中断の措置をとることができないのであるから、時効の完成を認めてしまふのは酷だからである。除斥期間は、中断などないのであるから、二十年経過すれば、不法行為責任を追及できないことになる。さうだとすると、二十年の期間の完成時に、未成年者や禁治産者に法定代理人がゐない場合は、何の措置もとることができないことになる一方、加害者は、ただ二十年経過しただけで、損害賠償義務を免れることになり、著しく正義・公平の理念に反する。そこで、時効の場合と同様、二十年経過の六カ月以内に未成年者や禁治産者であつて、その後、成年に達したり、法定代理人が就職したりして六カ月以内に損害賠償請求権を行使した場合には、除斥期間が完成しないとするべきである。

本件原告が右最高裁判決を援用して本件においても除斥期間の規定の適用を制限すべきであると主張したのに対し、被告の国は、この最高裁判決は、不法行為を原因として心神喪失の常況にある者について限定的に例外を認めただけであるから、本件には適用されるべきではないと主張した。

裁判所は次のやうに判断した。

この問題に関しては、除斥期間の規定が不法行為をめぐる法律関係の速やかな確定を意図しているものであり、基本的には二〇年という時間の経過という一義的基準でこれを決すべきものであることは否定できないというべきである。しかしながら、このような除斥期間制度の趣旨の存在を前提としても、本件に除斥期間の適用を認めた場合、既に認定した甲太郎の被告に対する国家賠償法上の損害賠償請求権の消滅という効果を導くものであることからも明らかなとおり、本件における除斥期間の制度の適用が、いったん発生したと訴訟上認定できる権利の消滅という効果に直接結びつくものであり、しかも消滅の対象とされるのが国家賠償法上の請求権であって、その効果を受けるのが除斥期間の制度創設の主体である国であるという点も考慮すると、その適用に当たっては、国家賠償法及び民法を貫く法の大原則である正義、公平の理念を念頭においた検討をする必要があるというべきである。すなわち、除斥期間制度の趣旨を前提としてもなお、除斥期間制度の適用の結果が、著しく正義、公平の理念に反し、その適用を制限できることができると解すべきである（略）。

そこで裁判所は、以上のやうな観点から本件をみると、次のやうに言へるといふ。

まず、その前提となる事実関係については、前記認定のとおり、本件損害賠償請求権の対象とされる被告の行為は、被告が前記甲太郎に対する救済義務を怠った結果、甲太郎をして一三年間にわたる北海道内での逃走を余儀なくさせたことにあるが、その原因は被告が国策として決定し実行した甲太郎に対する強制連行、強制労働に由来するものであること、被告の外務省は、中国人の日本への移入に関し、昭和二一年（略）に全国一三五の事業場に事業場報告書の作成を命じ、調査員を事業場に派遣し現地調査報告書を作成させ、これをもとに外務省報告書を作成し、その結果、甲太郎が強制連行され昭和鉱業所での強制労働に従事させられ、それに耐えかねて逃走をした事実は明らかになっていたと言えること、昭和三三年（略）二月、甲太郎は一三年ぶりに北海道内で発見され保護された後、被告に対して謝罪と損害の賠償を要求したこと、同年三月、甲太郎の問題が衆議院外務委員会で取り上げられたが、被告の首相及び政府委員は、甲太郎が昭和鉱業所で稼働していた事実と外務省報告書の存在は認めたものの、報告書については現在外務省に残っておらず、事実関係を確認できないとの答弁に終始し、結局甲太郎の強制連行、強制労働の事実を認めず、その結果甲太郎は損害賠償を得られなかったこと、外務省報告書とその関係書類は、平成五年（略）、東京華僑協会に保管されていることが明らかになり、その存在と内容が一般に知られるに至ったこと（略）、以上の事実が認められる。

そして、以上の事実、特に、昭和三三年（略）二月、甲太郎から被告に対し、被告が国策として行った強制連行、強制労働とこれに由来する一三年の逃走生活についての損害の賠償の要求がなされた時点で、被告の担当部局において、既に国策として行っていた強制連行、強制労働の行為によって甲太郎に重大な損害を与えたことが明らかにされている公文書を作成していたにもかかわらず、その所在が不明との理由で、詳しい調査もせずに甲太郎からの要求に応ぜず、その結果、甲太郎の損害の賠償を得られないまま放置し、その後外務省報告書の存在が判明したことによって事実関係が明らかになり、本件の提訴に至ったという事実経過に照らすと、被告は、自らの行った強制連行、強制労働に由来し、しかも自らが救済義務を怠った結果生じた甲太郎の一三年間にわたる逃走という事態につき、自らの手でそのことを明らかにする資料を作成し、いったんは甲太郎に対する損害賠償に応じる機会があったにもかかわらず、結果的にその資料の存在を無視し、調査すら行わずに放置してこれを怠ったものと認めざるを得ないのであり、そのような被告に対し、国家制度としての除斥期間の制度を適用して、その責任を免れさせることは、甲太郎の被った被害の重大さを考慮すると、正義公平の理念に著しく反していると言わざるを得ないし、また、このような重大な被害を被った甲太郎に対し、国家として損害の賠償に応じることは、条理にもかなうというべきである。よって、本件損害賠償請求権の除斥期間の適用はこれを制限するのが相当である。

裁判所はこのやうに結論し、損害賠償額について二千万円を認めた。これは、原告の請求額全額であり、この種の事件でははじめての巨額な賠償額である。はじめて原告に損害賠償を認めた関釜元従軍慰安婦事件の山口地裁下関支部判決が、ひとり三十万円であつたことと比較されたい。

裁判所は、国側の官僚的な対応に苛立つてゐるのは判決文から読み取れるが、論旨には疑問がある。そもそも前にも述べたが、劉が日本にきて労働に従事したことについて、劉自身が強制連行強制労働であると主張するのはもちろん理解できるが、国際法的に、強制連行強制労働にあたるのかどうか。もし、強制連行強制労働であるとすれば、劉の逃走は犯罪行為から逃れる行為であるが、強制連行強制労働でないとすれば、逃走自体が違法行為にあたる可能性がある。現在の観点からみれば、もちろん劉の逃走生活が過酷であつたことは容易に想像がつくが、この問題は現在の観点から考へるべきではない。判決は、その点で、劉の過酷な逃亡生活にのめり込み過ぎてゐる。

また、判決は、国家無答責の原則から本件の強制連行強制労働は法例第十一条第一項の不法行為にはあたらないとしてゐることと比較して、判決が認めてゐるのは、強制連行強制労働ではなく、その後の救済義務であるとはいつても、釣合がとれるのかどうか疑問である。

さらに、除斥期間の考へ方が予防接種の事例とは異るのではないか。劉は日本政府に対して、理論上は二十年の除斥期間内に請求できたのではないか。予防接種の事例では理論上請求できなかつたのである。しかも予防接種の事例では二年を超えただけなのに対し、劉の場合十八年も超えてゐるのである。劉の場合は、劉が労働に従事し、その後逃走して保護され、中国に送還されたといふこと自体の立証は何もむづかしいことはないはずであるから、理論上請求できたが、外務省報告書が発見されなかつたので、事実上立証が難しかつたといふにとどまるのではないか。

我が国は、通常は時効や除斥期間について、起算点や中断など明確なものだけを厳しく適用してゐる。私は、この判決のやうに、正義公平をいはばアメリカにおけるコモンローのやうにゆるやかに解釈するといふのも一つの道であるとは思ふが、さうであれば、この種の戦後補償の事例にだけ適用されるのきはめて不公平である。その意味でこの判決の影響はかなり大きく、重大である。

この判決について、福田康夫官房長官は、「厳しい判決」であると述べ、その後国は控訴した。しかし、おそまつなのはこの訴訟についての国の対応である。新聞によると、厚生労働省の担当者はこのやうな訴訟が起されたことも知らなかつたといふのである。[18]

この事件の控訴審判決は、平成十七年六月二十三日東京高裁判決である。[19] 控訴審においても、劉の日本における労働は、強制労働であり、その後の逃亡後の発見の遅れ措置と劉の受けた被害との間には相当因果関係があると認めた。国の一般的な作為義務も認めた。外務省が、劉についての記録が残つてゐないなど虚偽の答弁をしたことなど、不公正であると非難した。しかし、国の権力的作用については、民法の適用を否定し、国家無答責の原則を認め、除斥期間の適用についても、支援団体が、昭和三十二年の時点で、請求の資料を手に入れたことなどを考へれば、適用することが、著しく正義、公平の理念に反する特段の事情があるものとはいへないとして、原告の請求をすべて排斥した。事実関係以外の点については妥当な判決である。

浮島丸事件京都地裁判決

戦後補償を求める訴訟は、全国で数十件にのぼつてをり、その判決の内容にはかなり問題があるとしても、実際に損害賠償を認めたものは関釜訴訟まではなかつた。しかし、関釜訴訟以後いくつかの損害賠償を認めた判決が出るやうになつてきた。次に劉連仁事件判決の約一カ月後に出された浮島丸事件[20]について見てみよう。

（1）事案の概要

昭和二十年八月の終戦時、青森県大湊地区には、海軍の大湊警備府がおかれ、北海道、千島、南樺太等の津軽海峡以北の防衛任務を負はされてゐた。そのため、大湊地区には大規模な防空壕、地下倉庫、飛行場、鉄道の建設等のために、数千名に及ぶ朝鮮人軍属、労務者（徴用工）などが居住してゐた。

その多くは、大湊海軍施設部の徴用工員（軍属）であり、その他相当数の民間会社の徴用工がをり、一部に自らの意思で日本本土に移住してきた朝鮮人及びその家族がゐた。

敗戦直後の大湊は、警備府の一部の軍人が徹底抗戦を主張する檄文を飛行機からまいたり、軍事物資の放出を求めて市民が殺到する等の混乱状態にあり、一方、朝鮮人らは、日本の敗戦と自らの解放を喜び、町では「マンセー」（万歳）といふ喚声も聞えた。

浮島丸は四千三百二十一総トンの貨客船で、昭和十二年三月に竣工し、大阪商船が所有し、南西諸島航路に用ゐられてゐたが、海軍に徴用され、特設砲艦として改装、昭和二十年の終戦直前には青函連絡船の代替船として青函航路に就航してゐた。このころの、旅客最大搭載人員数は一千三百名、乗組員数は百五十名であつた。浮島丸の出港のいきさつ、その後の航海、沈没に至る経緯は、判決によれば次のとほりである。

浮島丸は、八月一八日、大湊に帰港し、同月一九日ころ、海軍運輸本部の了承を得た大湊警備府から、朝鮮人徴用工等を乗船させて釜山まで運行することを命じられた。浮島丸の乗組員の間では、終戦によって復員できると考えていたところにこの命令を受け、航海には触雷の危険を伴うことや、燃料が十分でない、朝鮮にはソビエト連邦（略）軍が攻め込み、捕虜になるかもしれない等のうわさも流れたことから、下士官らを中心に出港に反対する機運が高まった。また、浮島丸の艦長である鳥海金吾中佐（略）も、大湊警備府に対し、出張が無理である旨申し出たが、警備府の了承するところとならず、同月二一日ころには、大湊警備府の参謀が浮島丸に出かけ、乗組員を集合させ、威嚇、説得までした。

八月一九日ころから、大湊周辺の朝鮮人民間徴用工には、雇用先から、浮島丸に乗船するよう指示されたが、その中には、浮島丸で朝鮮に帰らなければ、今後は配給は受けられないとか、その後は帰国船は出ないなどと言われた者もいた。一般在住朝鮮人にも同様の話が伝えられ、徴用軍属に対しても浮島丸に乗船するよう指示がされた。同月二〇日ころから、乗船が開始され、いったん中断した後、同月二二日、乗船が再開され、浮島丸は同日午後一〇時ころ出港した。

（中略）

ところで、八月二〇日、マニラに派遣されていた日本政府使節団は、連合国最高司令部から、わが国に属し、又は支配下にある一切の艦船で日本の領海内にあるものは、現に航行中の航海以外に一切移動しないとの内容を含む要求事項を受け取っており、これを受けて、軍令部総長は、同月二一日、連合艦隊、各鎮守府等の司令長官に対し、同月二四日一八時以降、特に定めるもののほか、航行中以外の艦船の航行を禁止するなどの命令（大海令五二号）を発し、更に、同月二二日、「八月二四日以降、現ニ航海中ノモノノ外、艦船ノ航行ヲ禁止ス」との指示をした（大海指五三三号）。また、海軍運輸本部長は、浮島丸等の艦長に対し、同月二二日午後七時二〇分、上記大海指五三三号と同内容を指示する至急電報を発し、さらに同日、八月二四日一八時までに目的港に到達するよう努力すること、到達の見込みのないものは最寄の軍港又は港湾に入港することを命ずる緊急電報を発した（略）。これらの電報は、大湊警備府等にも通報されている。

浮島丸は、出港後、本州の沿岸に沿って南西に進み、同月二四日午後五時ころ、舞鶴湾内に入り、同日午後五時二〇分ころ、下佐波賀沖に差し掛かったところ、突然船底付近で爆発が起こり、沈没した。

沈没のとき、浮島丸に乗船してゐたのは、乗組員二百五十五名、朝鮮人三千七百三十五名（徴用工二千八百三十八名、民間人八百九十七名）、死亡者は、乗組員が二十五名、乗客が五百二十四名であつた。沈没の原因について、被告国は米軍の機雷との接触であるとしてゐる。

沈没後、海岸に打上げられた遺体は舞鶴海兵団の敷地に仮埋葬された。その後国は、昭和二十四年四月ころ、これを発掘して火葬に附した後、舞鶴地方復員局の霊安室に安置した。その後船体の第一次引揚作業及び第二次引揚作業の際に収骨された遺骨も同様に同じ場所に安置されてゐた。その後、これらの遺骨は、昭和三十年一月、呉地方復員局に、ついで昭和三十三年に厚生省引揚援護局に移され、昭和四十六年に、東京都目黒区所在の祐天寺に預けられた。昭和四十六年十一月、昭和四十九年十二月及び昭和五十一年十月に遺骨の一部が外務省を通じて大韓民国に返還されたが、なほ、二百八十柱とされる遺骨が祐天寺に残されてゐる。

本件訴訟において、この浮島丸沈没による、韓国在住の生存者十五名と死亡した乗船者の遺族八十名が、国に対し、公式陳謝・遺骨の返還と総額三十億円の損害賠償を請求したのである。

（2）原告側の法的主張

①国の道義的国家たるべき義務

これは関釜事件一審判決の論評の際述べた。カイロ宣言とポツダム宣言とが我が国憲法の根本規範であるとの主張も同じである。

関釜事件の原告の主張になかつたのは、憲法の前文に「日本国民は、恒久の平和を念願し、人間相互の関係を支配する崇高な理想を深く自覚するのであつて、平和を愛する諸国民の公正と信義に信頼して、われらの安全と生存を保持しようと決意した。」とあるのを利用したことである。

原告の主張はかうである。憲法は、第九条で、戦争放棄、戦力の不保持といふ不作為を命じただけではなく、「平和を愛する諸国民との信頼関係の構築」といふ作為を命じた。「平和を愛する諸国民」とは、日本の植民地支配と侵略戦争の被害者にほかならず、その作為の内容としては、少なくとも、侵略戦争と植民地支配に対する謝罪と賠償が含まれてゐることが条理上明らかである。この作為義務が「道義的国家たる義務」であり、その名宛人は、立法府、行政府のみならず司法府も含まれるから裁判所は、謝罪と賠償のための立法が欠けてゐても、国家賠償法を類推適用して損害賠償を認めるべきである。

これはあきれた主張である。この文脈では、韓国や北朝鮮、中国は「日本の植民地支配と侵略戦争の被害者」といふことになるであらうから、これらの諸国は「平和を愛する諸国」といふことになる。韓国は竹島を不法占拠し、中国はアジアの覇権国家たらんとして急激な軍備増強に走つてゐる。北朝鮮が平和を愛する国家であると思ふ者は同国の代理人や代弁者以外にはゐないであらう。憲法がいつてゐるのは、「平和を愛する諸国」ではなく、「平和を愛する諸国民」なのだから、中国が軍国主義国家であつても中国人は「平和を愛する」のだといふのかもしれないが、それなら我が国も含め、世界中同じである。

弁護士である原告等の代理人等が、原告等勝訴のためにあらゆる理由附を考へるのは当然でもあることは、私も同業者として理解できる。しかし、これはあまりに牽強附会に過ぎる。

もつとも、中学校の社会科教科書には、「世界に対する罪」の小見出しの下に次のやうな記述があるといふから、そのやうな教育で洗脳された代理人等がこの論理を考へついたのも当然かもしれない。

日本軍は、アジアの国々の、兵士ばかりか、多くの民衆の生命をうばい、国土を荒し、文化財をこわした。そのために、東亜の各国はいまでも侵略の災害を回復するために、苦しんでいる。軍国日本は、世界の民衆に対して大きな罪を犯した。この罪をつぐなうためには、過去の侵略主義をすて、平和のためにできるだけの手伝いをしなくてはならない。[21]

②明治憲法第二十七条又は憲法第二十九条の類推適用[22]

これも関釜事件一審判決の論評の際述べた。

これは個人の財産権を保障した規定であるが、明治憲法には明文の補償規定がなかった。しかし、正義と公平の観点から補償が必要な場合は、損失補償が認められる。

③安全配慮義務違反に基く損害賠償請求

④立法不作為に基づく損害賠償請求

(3) 裁判所の判断

①については、憲法前文は、具体的な権利を規定したものではない。憲法はポツダム宣言を踏まへて制定されたものであるが、「個別具体的な義務を被告に課していると解すること

はできない」。

②については、具体的な損失を補償する法律がないので、直接明治憲法に基いて損失補償請求はできないし、現行憲法では直接請求が認められる場合があるが、憲法施行以前の事件については適用できない。

④については、立法しなかったことが、憲法の一義的な文言に違反するとはいへない。

そして、③について、裁判所は次のやうな、思ひきつた判断をして、生存者の原告十五名に対する国の安全配慮義務違反を認め、各三百万円合計四千五百万円の賠償を認めた。

安全配慮義務を認めるには、国との間に特別の関係がなければならないとするのが、最高裁の立場である。本件で裁判所は、生存者の原告と国との間に、私法上の旅客運送契約に類似した法律関係が成立したと判断した。その法律関係によれば、「原告らに対し、釜山港又はその近辺の朝鮮の港まで安全に運送する義務、朝鮮の港まで到達することが不可能な場合には、安全に最寄りの港まで運送し、又は出発港に還送すべき義務を負ったというべきである。」この義務は、その法律関係に「基づく本来的な義務であって、付随的なものではないから、係る義務の違反を理由とする損害賠償を請求する者は、それ以上に具体的な義務の内容を主張立証する必要はなく、被告において義務を履行し得なかったものであることを主張立証しなければ損害賠償責任を免れることはできない。」

国は、艦長が浮島丸を舞鶴港に入港させようとしたのは、大海令五十二号に基く指令に従つたもので、艦長としては他にとる方法がなく、触雷は不可抗力であると主張したが、裁判所は次のやうな理由で認めなかつた。

昭和二十年八月当時、アメリカ軍が本州及び九州の日本海沿岸や瀬戸内海沿岸の軍港及び主要港湾に多数の機雷を敷設しており、危険な状況にあったが、大湊港にはアメリカ軍の機雷は敷設されていなかった。艦長及び大湊警備府司令官はこの事実を知っていたものと推認される。

前述のとおり、海軍運輸本部は、艦長に対して、昭和二十年八月二十二日午後十時の出港前後に、二十四日午後六時までに目的地に到達するやう努め、見込がない場合には、最寄の軍港又は港湾に入港することを命じている。

浮島丸の航海速力は、当初よりかなり遅くなっており、この速力では、大湊港を八月二十二日午後十時ころ出港したのであるから、同月二十四日午後六時までに釜山に到達することは事実上不可能であった。このことも、艦長や司令官も理解していたと推認できる。

そうすると、艦長は、出港を見合せるか、安全な大湊港に戻るかすることも可能であったし、艦長としては、このような選択が難しかったとしても、司令官がこのような命令をすることはできたはずである。それなのに、釜山に到達できる見込もないのに、本州沿岸を南下し続け、司令官も浮島丸がそのように航海するのに委せた結果、舞鶴港に入港することになり、爆沈することになったのであるから、爆沈が不可抗力であるとはいえない。

なほ、裁判所は、国の原告等を含む多数の朝鮮人に多大な犠牲を被らせたことに対する公式陳謝請求や、原告等の一部の国に対する遺骨の返還請求は認めなかつた。


乗船朝鮮人と国との間で運送契約類似の法律関係が成立したとの論理は、工夫したものではあるが、かなり無理がある。現在では国家賠償法により、このやうな場合には補償が認められるが、当時の状況では無理ではないかと思ふ。

この結論こそがこの判決においてもつとも重要な点であるが、それ以外の点においては、この判決は文章も論理も結論から想像されるのとは異り、余計な歴史認識も述べず、きはめて穏当である。

この判決を掲載した判例時報の解説において、朝鮮人が「強制労働に従事し」と述べてゐるが、判決では、「強制連行された」とか「いわば強制的に……就労させていた」といつた文言はあるが、「強制労働に従事し」といつた文言はない。

その他の点においても、原告等の請求を棄却する論理も簡潔明瞭である。

この事件の控訴審判決は、平成十五年五月三十日、大阪高裁において、原告側の請求がすべて棄却されたとのことである。この大阪高裁の判決は、別件の、東京韓国人従軍慰安婦等訴訟控訴審判決(平成十五年七月二十二日)の解説の中で言及されてゐる。[23] その解説によれば、「当時の法秩序と具体的状況では、触雷の危険を伴う公開を命令、実行したこと、大湊へ帰港せず航行を続けた上、舞鶴港に入港しようとしたことは、合理的な措置であったということができ、…国に安全配慮義務の不履行があったということはできない」と判断したとのことである。この判決は公刊物未登載とのことである。

また、右、東京高裁判決においても、原告(控訴人)の中に、浮島丸に乗船して死亡した者の遺族がをり、東京高裁は、浮島丸の運航について、安全配慮義務に、違反したとは認められないと判断してゐる。

なほ、この東京高裁判決は、韓国人の軍人、軍属、いはゆる従軍慰安婦(その遺族を含む)の請求をすべて棄却したが、それまで多くの判決で採用されてきた「国家無答責の法理」について、現在の法制度の下では、正当性ないし合理性を見出しがたいと判断したことで有名である。

注

1　平成九年四月二日、判例時報一六〇一号四十七頁

2　平成十一年九月二十二日、判例タイムズ一〇二八号

3　平成十一年十一月八日産経新聞正論欄

4　以下頁数は、右判例タイムズの頁数

5　小学館文庫平成十四年六月一日発行、七十六頁参照。また、同じ著者の『なぜ中国人は日本人を憎むのか』（ＰＨＰ）参照。

6　判例時報一六四二号二十四頁

7　判例時報一七五九号四十二頁

8　判例タイムズ一〇六七号一一九頁

9　ハーグ陸戦条約三条　陸戦の法規慣例に違反した交戦当事者は、損害あるときには賠償しなければならない旨の規定

10　「法例」とは「法例」といふ名の法律。法の適用関係について定めてゐた。国際私法の通則法。明治三十一年に制定され、平成十八年、「法の適用に関する通則法」にとつてかはられた。十一条は以下のとほりである（正文は、正漢字片仮名であるが、常用漢字平仮名に、清音を濁音に改めた）。

第十一条　事務管理、不当利得又は不法行為に因りて生ずる債権の成立及び効力は其原因たる事実の発生したる地の法律に依る

2　前項の規定は不法行為に付ては外国に於て発生したる事実が日本の法律に依れば不法ならざるときは之を適用せず

3　外国に於て発生したる事実が日本の法律に依りて不法なるときと雖も被害者は日本の法律が認めたる損害賠償其他の処分に非ざれば之を請求することを得ず

11　国家賠償法六条　この法律は、外国人が被害者である場合には、相互の保証があるときに限り、これを適用する。

12　民法七二四条　不法行為による損害賠償の請求権は、被害者又はその法定代理人が損害および加害者を知った時から三年間行使しないときは、時効によって消滅する。不法行為の時から二十年を経過したときも、同様とする。

13　公刊されてゐる判例集は、劉連仁を「甲太郎」といふ匿名で表記してゐる。

14　一般の読者のために、除斥期間と時効期間の違ひについて述べる。両者とも権利の行使を制限する期間であることは同じであるが、時効には中断があるのに対し、除斥期間には中断がない。時効は利益を受ける当事者が援用しなければならないのに対し、除斥期間は当事者の援用がなくても権利の行使がもはや許されないものとして裁判できる。援用とは、その旨主張することであり、中断とは、権利者が権利を行使したり、時効を援用する側で権利者の権利を承認した場合、時効の期間が振出に戻ることをいふ。つまり十年間の時効期間があつたとして九年目に中断があれば、時効が完成するにはまた十年を必要とするといふ意味である。

15　平成十年六月十二日最高裁第二小法廷判決、民集五十二巻四号一〇八七頁、判例時報一六四四号四十二頁

16 これは成年後見制度が制定される（平成十二年四月一日施行）以前のことで、現在では、成年後見人である。

17 平成四年十二月十八日東京高裁判決、判例時報一四四五号三頁

18 産経新聞平成十三年七月十三日この部分を引用する。

東京地裁判決で、旧厚生省が救済義務を怠った、と批判されたことについて、厚生労働省社会・援護局企画課の担当者は十二日、「寝耳に水。いきなり判決文に書かれても『分からない』としか言いようがない」と困惑した表情。

宇野裕課長は、「訴状も受け取っておらず、いつ提訴されたかも知らなかった。国の訴訟には所管する省庁から代理人を出すが、この訴訟では法務省からの連絡もなく、出していなかった」という。

19 判例時報一九〇四号八十三頁

20 京都地裁平成十三年八月二十三日民事第一部判決、判例時報一七七二号一二一頁。

21 中教出版昭和二十七から三十一年度版中学校社会科教科書。小山常実『日本国憲法無効論』平成十四年十一月十五日草思社発行三十四頁から孫引。もつとも私は、昭和三十年から三十三年に中学生であつたが、社会科の教科書がこんなひどかつたのかどうか覚えてゐない。中教出版ではなかつたのかもしれない。

22 大日本帝国憲法第二十七条

日本臣民ハ其ノ所有権ヲ侵サル、コトナシ

公益ノ為必要ナル処分ハ法律ノ定ムル所ニ依ル

日本国憲法第二十九条

財産権は、これを侵してはならない。

財産権の内容は、公共の福祉に適合するやうに、法律でこれを定める。

私有財産は、正当な補償の下に、これを公共のために用ゐることができる。

23 判例時報一八四三号三十二頁

第二部

ＮＨＫ受信契約訴訟について

ＮＨＫ受信料制度

放送法には、「協会（ＮＨＫ）の放送を受信することのできる受信設備を設置した者は、協会とその放送の受信についての契約をしなければならない。」との規定がある（第六十四条第一項）。これは受信料としては、世界に例を見ない特異な規定である。

従来、一旦ＮＨＫと受信契約を結び（これ自体一方的なもので、契約内容の提示もなく、本当に契約締結かどうか疑はしいが）、継続的に受信料を支払つてゐたが、放送の内容があまりに偏向してゐるので抗議のために受信料の支払を停止して、ＮＨＫから受信料を支払へといふ訴訟を起された事例は多数ある。この種の事件については今のところすべてＮＨＫが勝訴してゐる。ただし、ＮＨＫは時効について十年を主張してゐたが、五年であるとの判決が多数ある。そして、平成二十六年九月五日、五年であるとの最高裁判決が出され、この問題は決着した。[1]

受信契約締結訴訟

しかし、受信設備（テレビ）を購入したのに、受信契約締結を拒否してゐるうちに、ＮＨＫが受信契約締結を求めた訴訟は今までなかつた。ところが、ＮＨＫが受信契約締結を求めて訴訟を提起した事例が二件現れた（実際には多数あるやうである）[2]。珍しいことなのか新聞にも報道された。うち一件は、代理人なしの本人訴訟のやうである。もう一件は私と後三名の弁護士が代理人となつてゐる。

本人訴訟の方は、平成二十五年初めに横浜地裁相模原支部に係属して、六月二十七日に実質的にＮＨＫ勝訴の判決が出た（①判決[3]）。その人は、東京高裁に控訴し、十月三十日に、理論上一審以上にＮＨＫの主張を認めた判決が出て（②判決[4]）、新聞で比較的大きく扱はれた。

私が代理人をしてゐる方は、平成二十三年十一月十六日、ＮＨＫが、東京簡易裁判所に訴訟提起、その後、私共の要求で東京地裁に移送され、七回の口頭弁論を経て、平成二十五年十月十日、やはり実質的にＮＨＫ勝訴の判決が出た（③判決[5]）。私共は直ちに東京高裁に控訴した。控訴審は一回の弁論で終結となり、平成二十六年四月二十三日、ＮＨＫ実質的勝訴の判決が出た[6]。

受信料制度と契約締結の強制

ＮＨＫは、テレビを持つた者はＮＨＫと契約を締結しなければならないと法律に書いてあるのであるから、当然契約の締結を強制できると主張してゐる。しかし、法律の解釈はこんな簡単なものではない。法律自体が憲法に違反して無効の場合もあるし、法律が憲法に違反してゐないとしても解釈によつて、訓示規定であり、強制はできないと解釈できる場合もあるし、ＮＨＫの契約の締結手続きが無効であると解釈できる場合があるからである。

憲法上、明文の規定はないが、国民には契約の自由といふ権利が認められてゐる。契約の自由には、契約内容に関する自由、締結の自由、相手方選択の自由、契約方式の自由が含まれる。

契約は、原則として申込と承諾によつて成立する。申込も承諾も書面でも口頭でもよい。もちろん、これは原則であつて、場合によつて、様々な制限がある。

たとへば、契約内容に関する自由といつても、内容は既に決められてゐて後は受諾するかどうか、しかない場合も多い。通常の買物などがさうである。契約方式の自由といつても任意後見契約のやうに公正証書によらなければ認められない契約もある。

ここで問題となるのは、契約を結ぶか結ばないかは本人の自由であるといふ締結の自由の問題である。これも多くの例外がある。たとへば、医師は患者から診療の請求があつた場合、正当な理由がなければ拒否できない（医師法十九条一項）。これは、患者の診療契約の申込に対して承諾しなければならないといふことである。これを承諾義務があるといふ。水道業者は、給水契約の申し込みを受けたとき、正当な理由がなければ拒否できない（水道法十五条一項)。その他電気(電気事業法十八条一項)とかいくつかある。いづれも承諾義務を定めたものである。また、漁師が漁業組合に加入を申込んだときには組合には承諾義務がある(水産業協同組合法二十五条)。漁業組合に入らないと漁師は漁業ができないからである。

変つたものとしては、重要文化財を売りたいと思ふ者はまづ国に売らなければならないといふ規定もある(文化財保護法四十六条一項)。これは申込義務を定めたものである。

放送法の規定を除いていづれも常識的に妥当である。

承諾義務や申込義務があるといつても承諾や申込をしなかつたときにはどのやうな法的効果があるか。つまり、承諾の意思表示を認める判決によつて強制的に契約の成立を認めるのか、義務を果たさなかつた者に対して罰則や損害賠償だけを認めるのか、義務者の意思いかんにかかはらず申込者の一方的な行為によつて成立するとみなされるのか、事例によつて異なる。漁業組合については、意思表示にかはる判決によつて契約の成立を認めた最高裁の判例がある(昭和五十五年十二月十一日、民集三十四巻七号八七二頁)。

放送法はどうか。診療とか給水の場合には、契約を申し込む方が、サービスを必要として契約締結を望んでゐる。契約を締結して、診療を受けたり、給水を受けたりして、金銭の支払と対価関係に立つてゐる。医師とか水道業者とか、放送法以外のすべて契約締結を強制されるものはさうである。ところが唯一の例外が放送法である。契約締結を望んでゐるのは受信者ではなく、ＮＨＫなのである。しかも、ＮＨＫの番組を見たくなくても金を支払はなければならないのである。衛生上も問題のない立派な井戸があるから水道は要らないといふのに水道局の方から契約を申込んできて強制的に水道を引かされるやうなものである。

判決の論理（ＮＨＫの主張）

ＮＨＫは、契約の締結に応じない者に対して、契約締結の申込の文書を送り、その文書が相手に到達してから相当の期間（少なくとも二週間だとＮＨＫは主張してゐる）で、自動的に契約が成立すると主張してゐる。しかも、その効力は、受信機（テレビのこと）を設置した日にさかのぼるといふのである。

つまり、契約はＮＨＫが契約の申込書を送つて受信者に着いた日から二週間で成立するが、受信料はテレビ設置の日までさかのぼつて払へといふのである。現在デジタル放送となつてゐるので、テレビを購入して設置するとＢ－ＣＡＳカードといふものをテレビに挿入する。挿入しないと画面に警告が出る。ＮＨＫに連絡するとこの警告が消える。そこでＮＨＫにはこの視聴者がテレビを設置したことを知るのである。

①判決は、このＮＨＫの主張は認められないといふ。なぜか。受信契約を締結しなければならないと規定した放送法の規定からすると、ＮＨＫからの通知が到達した日から相当の期間を経過したといふことだけで、ＮＨＫとテレビ所有者との間でただちに受信契約が成立し

たものと解釈することは無理だと述べる。

しかし、放送法が受信契約を締結しなければならないといつてゐるのであるから、承諾の意思表示を命ずる判決を得ることによつて、契約を成立させ、それからその成立した契約に基いて受信料の支払を求めることができるといふ。しかも、受信料の支払は、放送法に、受信契約者は、受信機設置の月から受信料を支払はなければならない、と規定されてゐるから、受信者はテレビ設置の日にさかのぼつて受信料を支払はなければならないといふ。要するに金額としては、ＮＨＫの主張をすべて受け入れてゐる。理論構成が異なるだけである。

どうして、このやうな結論を出したかといへば、「放送法は、原告（ＮＨＫ）という特別の法人を設立し、これに国内放送を中心とする事業を行う権限を与え、原告の国家や経済界等からの独立性を確保するために、原告の放送の受信者に費用負担を求め、さらに、徴収確保の技術的理由に鑑み、原告の放送を受信し得る受信設備を設置した者から、その現実の利用状態とは関係なく、一律に受信料を徴収することを原告に認めている」のだといふ。これは、「国家機関ではない原告という特殊法人に徴収権を認めた特殊な負担金というべきであり、当該受信料の支払義務を発生させるための法技術として受信機設置者と原告との受信契約の締結強制という手法を採用したもの」であるといふ。

驚くべき見解であるが、「特殊な負担金」といふ概念は従来から受信料裁判で繰り返されてきた概念である。

次に②判決は、ＮＨＫの主張を全面的に認めてゐる。すなはち、「控訴人（ＮＨＫ）が、受信契約締結に正当な理由なく応じない受信者に対して、受信契約締結の申込みを行った場合には、これに対して当該受信者が承諾の意思表示を行わないときにおいても、通常必要と考えられる相当期間を経過した時点で受信契約が成立し、控訴人は、当該受信者に対して、受信契約締結を命ずる判決を求めることなく、受信契約に基づく受信料の支払を請求できる」と判断した。相当期間は長くても二週間だといふ。なぜこのやうな判断をしたかといふと、放送法六十四条一項の規定は、受信者に対して受信契約締結を承諾する意思表示を行はせること自体を目的としてゐるのではなく、受信契約を成立させて受信料の支払の債務を負担させることが目的であるから、承諾の意思表示を命じて契約を成立させ、それから契約に基いて受信料を請求して支払はせるなどといふことは、「迂遠な方法であるばかりでなく、正当な理由がないのに受信契約締結に応じない受信者について、上記判決（意思表示を命ずる判決）の確定まで受信契約の成立が認められないことになる点において不合理であり、かつ他の受信料を支払っている受信者との間で不公平である」といふ。

要するに、回り道をしないですぐ取り立てを認めた方がよいといふ無茶苦茶の議論であり、契約を締結させてから受信料を請求するといふ放送法の立法過程を踏みにじつた議論である。

また、意思表示を命ずる判決の確定まで受信契約の成立が認められないから不合理であるといふが、いづれにしても、さかのぼつて支払義務を認めてゐるのであるから、裁判所の論理に従つても不合理とは思へないのではないか。

③判決は、①判決と同様の判断である。すなはち、裁判所は、受信者に対して契約締結承諾の意思表示を命ずることができ、成立した受信契約に基いて受信料を請求することができるとしてゐる。

どうしてこのやうに解釈できるかといふと、放送法は、「あまねく日本全国に放送するという目的を達成するための財源を確保することと、放送の不偏不党、真実及び自立を保障するためには国や広告主等の影響をできるだけ避けて自律的に番組編集を行えるものとする必要があることを考慮して、税や広告収入という方法で財源を確保するものではなく、受信機設置者に対して広く公平に、……費用を分担させることを目的としたもの」だからであるといふ。

しかも、契約が成立した以上、受信機設置の時にさかのぼつて受信料を請求できるといふ。なぜなら、「受信機設置者は、受信機設置の時点から事実上原告（ＮＨＫ）の放送を受信できるようになるのであるから、受信機設置者が実際に放送受信契約を締結した時期によって受信料支払債務の成立時期が異なると解するのは、実際には原告の放送を受信可能であったにもかかわらず、もっぱら受信機設置者の意思のみによって受信料支払債務の成立時期が左右されることになり合理性に欠け」るからであるといふ。

判決への批判

先で述べたやうに、「契約をしなければならない」といふ法律の条文があるからといつて、直ちに契約を強制できるものではない。

受信契約締結義務に従はないで契約締結を拒否した者にどのやうな法的効果が与へられるのか。先に述べたやうに、①と③の判決は、契約締結を拒否した者に対して、ＮＨＫの契約申込に対する承諾を命ずる判決でもつて契約が成立したことにして受信料を請求させてゐる。これに対して②の判決は、ＮＨＫの契約申込が締結を拒否した受信者に到達して相当の期間を経過すれば自動的に受信契約が成立するとしてゐる。

他の契約締結義務を定めた規定や、逆に一定の行為を禁止したりする規定は沢山あるが、その解釈については、一律ではなく、その規定の立法趣旨や、効力を定めた規定の有無、罰則の有無など、色々の条件から判断することになる。

放送法の場合には、「契約をしなければならない」との規定のほか、契約の内容については総務大臣の認可が必要であるとの規定があるだけで、効力に関する規定も罰則もない。

それなのに二重手間であるからといふ理由だけで契約申込から一定期間が経てば自動的に契約成立といふのは、「契約をしなければならない」といふ法律の文言から余りに離れてをり、暴論といふべきである。

①や③の判決は、受信者に対し、申込の承諾を命ずる判決であり、②判決に比べるとワンクッションを置いてゐる。しかし、放送法の規定からここまでの強い効力を認めるべきではない。

この点は、谷江陽介立命館大学準教授が詳細な分析を行つてゐる。以下はその解説である。契約の自由を制限して、契約を強制するのにいくつかのメルクマールがある。適合性の原則、必要性の原則、均衡性の原則である。

適合性の原則は、ＮＨＫといふ特殊法人を維持するために、契約強制が適合してゐるかどうかである。必要性の原則は、同じ目的のために契約強制が必要であるかどうかである。均衡性の原則は、同様に契約強制によつて制限される国民の権利とＮＨＫの維持といふことが均衡がとれてゐるかである。谷江準教授は、放送法の規定は、最初の二つの原則には合致してゐるが、最後の均衡性の原則には合致してゐないといふ。

先に、診療契約、水道供給契約の例を出したが、いづれも当然のことである。しかもいづれも利益を受ける者が契約を申込む場合である。ＮＨＫの場合は、受信者が契約を申込むわけではない。かつて、放送業者がＮＨＫしかなかつた時代がある。その時代には、受信機（当時はラジオ）の購入は、ＮＨＫ放送を聞く目的以外にはあり得ない。その時代には、受信料徴収の強制もやむを得ない面があつた（その時代においても広告収入などが考へられるから絶対必要であつたとはいへないが）。しかし、現代では、多くの放送局があり、視聴者は番組を選択してゐる。放送局の間で競争が行はれてゐる。ＮＨＫだけが競争に超然として好き勝手なことをしてよいわけがない。

ＮＨＫも判決も、いづれも強調してゐることは、我が国の放送制度は、民間放送と特殊法人であるＮＨＫとの二元制度をとつてをり、その意味は、放送の不偏不党、真実及び自律を保障するためには国や広告主等の影響をできるだけ避ける必要があるといふが、放送の不偏不党、真実及び自律性はＮＨＫだけではなく、民間放送にも求められてゐるのである。異なるのは広告主からの影響だけである。

放送の不偏不党、真実については、ＮＨＫはまつたく逆をおこなつてゐる。「ジャパン・デビュー」偏向番組に対する国民の怒りは一万人を超える集団訴訟となつた。「女性国際戦犯法廷」に対する偏向放送も記憶に新しい。反原発に偏つた報道もある。十市勉日本エネルギー経済研究所顧問が、原発事故後、日本のエネルギー問題を語る討論会の出席を依頼された。その依頼の席で、なにげなく原発再稼働を視野に入れた日本のエネルギーについて語つたら、直ちに出席を断られたといふ話も知られてゐる。十市氏は日本のエネルギー問題の第一人者である。その十市氏を排除して、座談会は反原発論者だけで進められたのである。ＮＨＫは、オリンピックなどで日本人が優勝した場合に君が代が流れたり、日の丸が写つたりすることをなるべく避けようとしてゐる。

偏向番組については経営委員会や国会のコントロールがあると判決はいふが、ＮＨＫは、常に編集権の独立や自由を盾に、偏向を認めない。コントロールは無きに等しいのである。その証拠に、ＮＨＫは番組が偏向してゐたと認めたことはない。

判決は、立法過程をまつたく考慮してゐない。昭和二十三年に放送法案が提出されたときには、受信設備を設置した者は、受信料を支払はなければならない旨の規定であつた。しかし、国会での審議において、それは認められないとして、支払義務の規定から、契約締結強制の規定、契約締結擬制（契約締結に応じなければ自動的に契約が成立したものとすること）の規定、契約締結義務（「契約をしなければならない」）の規定へと徐々に緩やかな規定となつたのである。②判決はその立法過程を無視し、承諾の意思表示を命じて契約を成立させ、それから受信料を取り立てるなど二度手間だといつてただちに契約の成立を認めてゐるのである。司法の横暴である。

憲法違反

「契約をしなければならない」との規定が、ＮＨＫは国営放送として必要だし、立派な番組も作るから、応援してくれ、そのために受信契約を結んでくださいといふ訓示規定であるとしたら、先の谷江説では認められることになる。

しかし、放送法によりこのやうな規定を設けること自体が憲法違反であるとする説がある。

NHKといふ一企業に特権を与へるやうなことは立法権の範囲を逸脱してゐるから憲法違反であるといふ説である。立法とは、一般的かつ抽象的でなければならない。この原則に反するといふのである。

受信料の強制徴収を避け、かつ、NHKの番組を見たくなければテレビを買はない以外に方法はないから、国民の知る権利に対する侵害であるし、税金でないのに税金よりも簡単な手続き（国民的な議論や選挙などでの論争なしに）で認められるのでは租税法律主義に反する、すなはち憲法違反である。

判決は、受信料を強制的にとられても、NHKの番組を見たくなければ見なければよいので知る権利の侵害にはならないといふ、無茶苦茶の議論を述べてゐる。

租税法律主義に反するといふ主張に対しては、特別な負担金であつて、租税ではないといふ。租税といふ用語が使はれてゐないから租税ではないといふだけで、これは、ただNHKを擁護する反論にもならない反論である。

我が国の受信料制度は世界に例を見ない特異な制度であるから、根本的な改革が必要である。国営放送局が必要であれば、それこそ税金で運営されるべきであり、また若干の広告などや営利事業も認めるべきであらう（現在、実質的には営利事業が認められ、莫大な利益をあげてゐる）。

私は、この裁判の高裁判決に対して、平成二十六年五月一日、上告及び上告受理申立をした。後で知ったのであるが、ＮＨＫも、四月二十五日、上告受理申立をした。

ＮＨＫの上告受理申立の理由は簡単である。本件の高裁判決と、②判決（横浜地裁相模原支部判決の東京高裁判決）とで内容が異なるからである。既に述べたやうに、ＮＨＫの契約申込に対して承諾しなければならないといふ判決であるのに対し、②判決は、承諾を命じ、その結果契約が成立して受信料を支払はなければならないといふのは迂遠であるから、ＮＨＫの契約申込から二週間経過したら、自動的に契約成立するとすべきであるといふのである。この二つの高裁判決は、理論構成は異なるが、一般視聴者にとつては結局受信料を強制的にとられるのであるから何の違ひもない。ＮＨＫにとつては、②判決であれば、承諾を求める裁判を起こさないで済むから、手続きが簡単であるといふＮＨＫにとつて誠に好都合な判決なのである。

私どもが上告及び上告受理申立をしてから二年半経過した平成二十八年十一月二日、最高裁から上告を受け付ける、しかも事件を大法廷に回付するとの通知を受けた。最高裁から上告を受け付けるといふだけでも弁護士にとつては大事件であるのにこれは大法廷で審理するといふのであるから大々事件である。

それから、平成二十九年一月十八日には、裁判長（最高裁長官）から法務大臣宛、「国の利害に関係ある訴訟についての法務大臣の権限等に関する法律」第四条に基く意見の陳述を求める要請が出され、四月十二日には、法務大臣金田勝年から意見書がだされた。これらは逐一新聞でも報道された。このやうな法務大臣の意見書といふのは史上二回目だといふ。そして、十月二十五日、大法廷において双方各四十分の弁論を行ひ、十二月六日，双方の上告棄却との判決が出た。ただ一人の反対意見があつた。要するに、高裁判決を維持したのである。

記者会見で私が述べた感想は一言、大山鳴動して鼠一匹も出なかつた判決である。最高裁は、公共放送と民間放送の二本立て体制は、憲法二十一条の「保証する表現の自由の下で国民の知る権利を実質的に充足すべく採用され、その目的にかなう合理的なものである」といふ。そのためには、NHKの財政的基盤を確保しなければならないといふ。したがつて、受信料を強制的に徴収しても憲法違反とはならないといふだけの簡単な理由である。受信契約は、NHKからの契約申込に対して、テレビ設置者が承諾しない場合には、承諾の意思表示を命ずる判決を求め、その判決の確定によつて、契約が成立する。この場合、テレビを設置したときから受信料債権が発生する。この債権の消滅時効は、受信契約成立時から進行するといふ。

といふことは、今年の十二月六日に判決が確定したとして、受信料債権はテレビ設置の時から支払はなければならず、十年前だとすると十年分を請求できるといふのである。これは通常の場合が五年で時効にかかるのと比較してあまりにも不合理である。

木内道祥裁判官だけがこの理論に反対してゐる。契約締結義務については、意思表示を命ずる判決を求めることのできる性質のものではない。消滅時効の起算点についても多数意見の論理はをかしい、と批判する。妥当な批判である。

最高裁判決が、受信料制度のをかしさを正当に見つめた判決を出せば、この制度の抜本的見直しの契機になつたが、今回の判決は従来の大勢をずるずると引きずる結果になつた。ＮＨＫにとつても今後も受信料不払者に対する裁判を継続することになり、それに対する批判も継続する。

また、この判決は、ＮＨＫ番組の公平さについてはまつたく触れるところがなかつた。放送法の第一条の目的には、「放送の不偏不党、真実及び自律を保障することによって、放送による表現の自由を確保すること」とある。また、第四条一項は次のやうに規定してゐる。

放送事業者は、……放送番組の編集に当っては、次の各号に定めるところによらなければならない。

一　公安及び善良な風俗を害しないこと。

二　政治的に公平であること。

三　報道は事実をまげないですること。

四　意見が対立している問題については、できるだけ多くの角度から論点を明らかにすること。

これらはＮＨＫばかりではなく、すべての放送事業者が守らなければいけない規定であるが、とりわけＮＨＫは受信料を強制的にとるわけであるから、厳守しなければならないはずである。しかし、裁判所はこのやうなことにはあまり注意を払はない。

要するに、一般的に裁判所は、ＮＨＫを特別なものとみてゐることである。これを打破するには法律の改正しかない。法律を改正して、公平な番組を審査する特別の機関を設ける必要がある。特別な機関を設けても時の政権によつて偏向番組が擁護されることがありうるが、少なくとも議論になる。ＮＨＫについては大改革が必要である。

注

1　判例時報二三四〇号六十頁
2　平成二十九年十月二十八日読売新聞によれば現在裁判中が二十九件とのことである。
3　判例時報二三〇〇号一二〇頁
4　判例時報二二〇三号三十四頁
5　判例集には登載されてゐない。
6　判例集には登載されてゐない。

ＮＨＫ集団訴訟高裁判決の意義

事実の経過

平成二十五年十一月二十八日、ＮＨＫ集団訴訟の東京高裁判決が出た。[1] ＮＨＫ敗訴の逆転判決であつた。これは、平成二十四年十二月十四日に出た東京地裁判決の控訴審判決である。ＮＨＫの番組についてＮＨＫが敗訴したことは初めてではないか。その意味で画期的であると同時に、ＮＨＫの体質を明らかにさせた判決である。

これは、平成二十一年四月五日放映されたＮＨＫのシリーズもの番組「ＪＡＰＡＮデビュー」の第一回「〝アジアの一等国〟」は、余りに偏向した番組で、番組を見て憤激した者、主として日本人と台湾人合計一万三三五人がＮＨＫを相手に損害賠償を求めて起した民事裁判である。一万人以上の原告は我が国の裁判史上最大の民事訴訟事件である。私は、他の弁護士とともにこの裁判を担当した。

番組の内容については、放映当時、雑誌『正論』『Ｗｉ Ｌ Ｌ』『ＳＡＰＩＯ』などで詳細な批判論文が掲載され、抗議運動については、産経新聞、読売新聞、朝日新聞にも報道された。

判決は、番組の内容を以下のやうに要約してゐる。番組は、「世界の一等国に上りつめた日本はなぜ坂を転げ落ちていったのか、日本は最初の植民地台湾での激しい抵抗運動を武力で弾圧し、世界の民族自決の動きに逆行して同化政策を推し進め、台湾には今も日本統治の深い傷が残っているとする内容」であり、「その具体例として一九一〇年にロンドンで開催された日英博覧会で台湾南部高士村のパイワン族の男女二十四名が『人間動物園』として展示され、そのうちの一人の娘である控訴人高許月妹は今も悲しいと述べているなどと報道されたことにより、名誉やプライバシーが侵害されたとする」ものである。

「人間動物園」は、NHKからすればこの番組のハイライトである。

明治四十三年（一九一〇年）、ロンドンで開催された日英博覧会に二十四名のパイワン族の男女が我が国の風俗民族産業をみせる一環としてパイワン族の民族衣装を着て出演した。二十四人のうちの一人が、原告の一人である高許月妹さんの父親である。NHKのディレクターは、この時の父親の写真を高許月妹さんにみせた。高許月妹さんは、父親の写真を見て日本語で、「かなしいね」と言ひ、パイワン語で「非常にこのことは言葉に言へない」と言つた。番組の字幕に、「悲しいね。この出来事の重さ語りきれない」と出る。そして、番組では、「生前、父親は博覧会について子供達に語ることはありませんでした。」とのナレーションが流れる。

一方、この番組の初めの部分で、「日本のアジア支配の原点となつた台湾、そこから近代日本とアジアの関係が見えてきます。五十年間の日本の台湾統治を象徴する二枚の写真です。人間動物園、そして台北第一中学校の生徒達」とのナレーションが流れ、民族衣装を着たパイワン族の同じ写真と台北第一中学校の生徒の写真を出して字幕に、「人間動物園」と「台北第一中学校」と出る。

また、高許月妹さんが登場する少し前には、ナレーションで日英博覧会の説明をした後、「(博覧会のパンフレットには) 台湾の人々が、客の前で戦いの踊りをし、戦闘の真似事をすると記されています。当時、イギリスやフランスは、博覧会で植民地の人々を盛んに見せ物にしていました。人を展示する人間動物園と呼ばれました。日本はそれを真似たのです。」というナレーションが続く。

これを総合すると、番組の視聴者は、日本は、パイワン族の人々を動物扱ひをして差別したと思ふ。そして、父親は、自分が動物扱ひをされたことを恥じて自分の子供達にはそのことを語らなかつた。それを高許月妹さんは「悲しい」と言つたと思ふのは当然である。

番組では、「人間動物園」のほかに、我が国がいかに台湾人を弾圧し、虐待し、利用したかを延々と述べ、弾圧については、「日台戦争」と述べ、取材に協力して番組に登場した台湾人の発言のうち、日本非難の部分だけをとりあげてゐる。また、台湾の衛生状態を改善し、近代産業を取り入れた都市計画を実行したとして著名な後藤新平を、台湾人を蔑視し、弾圧立法を作つて弾圧し、また協力する台湾人を甘言をもつて取り込んだ人物として描いてゐる。

ＮＨＫは、「日台戦争」の言葉は暴動鎮圧の用語としてはをかしいではないかとの非難に対して、日本台湾学会で使はれてゐる用語であると反論したが、実際は、そのやうなことはなく、この用語は、台湾問題の研究者、檜山幸大中京大学教授の造語であることがわかつた。しかも、その教授は、台湾弾圧の目的でこの用語を使つたのではなく、西南戦争や戊辰戦争などにおける「戦争」の使ひ方を分析して、この方が正確であるとして造語したのであり、我が国の台湾に対する弾圧のひどさを示すものではなかつた。それなのに、ＮＨＫはこの教授の名前を番組の協力者として掲げ、「日台戦争」の用語を弾圧の激しさを示すものとして利用した。これに対してこの教授は、ＮＨＫに抗議したが、おざなりの説明と謝罪があつただけであるとし、専門的な台湾研究書の長文の解説の中で、ＮＨＫ番組の犯罪性といふ言葉を使つて、激しい非難をしてゐる。

番組には、多くの台湾人、日本人が登場する。彼らはＮＨＫから長時間の取材を受けた。しかし、番組放映後、その発言の中で、取り上げられたのは、いかに台湾人が差別されたか、弾圧されたかばかりであることを発見し、怒りを爆発させたのである。そして、ＮＨＫに抗議書を送つた。

ある台湾人が問題にしたのは、人間動物園と日台戦争のほか、台湾人のことを「漢民族」といひ、当時台湾で使はれてゐた言語を「中国語」と表現したことである。台湾人は、戦後大陸から台湾に逃げてきた者を除いて、自ら漢民族であると思つてゐる者は少ないし、現在は、台湾人としてのアイデンティティーを持つてゐるからである。中国語についてはもつと違和感がある。当時台湾では、「中国語」である北京語は使はれてはをらず、使はれてゐたのは台湾語か客家語、それに原住民の言語であるからである。

また、多くの日本人も、番組の偏向と事実の誤りに対して抗議した。

このやうな抗議に対して、ＮＨＫは無視するか、おざなりの回答をしただけでなく、抗議をした台湾人を訪ねて、ＮＨＫの担当者が自筆で、ＮＨＫの説明を受けて納得しました、ＮＨＫに抗議するつもりはありません、と言つた趣旨の文章を書いたものを渡し、署名することを依頼した。その際、ＮＨＫの担当者は、自分の子供が右翼に脅されてゐるから協力してほしいといふやうなことさへ言つたのである。

そこで、冒頭述べたやうに前代未聞の数の者が訴訟を提起した。訴訟提起後にも自分も参加したいといふ台湾人が数百人に上つた。私は、新たな訴訟を提起することは避けて、その委任状を証拠として裁判所に提出した。

判決の内容

一審の東京地裁判決は、原告らのすべての請求を退けた。それに対して、東京高裁は原告の一人のパイワン族の女性を勝たせた逆転判決を出したのである。

一審と控訴審の判決を比較すると、ほぼ全文にわたつてその意気込みが異なる。

我々は、高許月妹さんが「かなしい」と言つたのは、六十年ぶりにしやべつた彼女の日本語がそれほど流暢ではないことに加へて、お父さんの写真を見てなつかしいといふ意味であると主張した。ＮＨＫは、彼女の日本語は会話には不自由ではないし、日英博覧会のことも説明し、何がかなしいのかと質問もしたと主張した。

一審判決は、高許月妹さんの日本語能力はわからないが、ディレクターの発言に答へてゐるのであるから、ディレクターが、高許月妹さんがディレクターの説明を理解して「かなしい」と答へたものと判断したのは当然だと述べてゐる。

高裁判決は、高許月妹さんが、戦後数十年も経つて話した日本語であること、彼女の年齢（取材時七十九歳）などを考へると日本語の能力が相当減退してゐることを考へるべきであり、彼女が生まれる二十年も前の博覧会のことを詳しく話さなかつたとしても当然である。それを思はせぶりに、「あたかも語らなかったことに特別の意味があるかのように」、ナレーションを加へたことは、「余りに短絡的で、」ディレクターが、「先入観を持たずに、白紙で、取材を受けた控訴人高許の話を十分に理解しようとする姿勢に欠けていたことを裏付けるものである。」と述べる。

また、高裁判決は、随所で、ディレクターの取材態度を非難してゐる。たとへば、高許月妹さんたちが「どのような思いで取材に協力しようとしているのかをおもいやることもなかったため、その好意を土足で踏みにじるような結果を招いたものである。」

ディレクターの行為は、「報道に携わる者としてのマナーに反するものであり、……今後は先入観に囚われることなく、取材を受ける者への共感の姿勢を忘れることなく取り組むべきである」。

そして、人間動物園については、見せ物とは意味が全然異なるとし、動物扱ひされたといふ意味で放送したと認定した。

こんなこともいつてゐる。ＮＨＫが主張してゐるやうに、「『人間動物園』と『見せ物』とが同義であるなどと言うことは到底あり得ないことである。例えば、歌舞伎は日本における代表的な『見せ物』の一つであるが、これを『人間動物園』と表現することはできないことからも明らかである。」

結論は、次のとほりである。「控訴人高許の父親が日英博覧会の『人間動物園』で見せ物として展示されたとする本件番組を被控訴人（ＮＨＫ）が放送したことは、控訴人高許の社会的評価を低下させ、その名誉を侵害するものとして、不法行為を構成するというべきである。本件番組は、日本の台湾統治が台湾の人々に深い傷を残したと放送しているが、本件番組こそ、その配慮のない取材や編集等によって、台湾の人たちや特に高士村の人たち、そして７９歳と高齢で、無口だった父親を誇りに思っている控訴人高許の心に、深い傷を残したというべき」である。

判決の意義

ＮＨＫの番組が偏向してゐるとか、事実を歪曲してゐるといふ非難は従来から度々なされてきた。しかし、編集の自由との関係から簡単には認められない。

放送法では、ＮＨＫに限らずすべての放送事業者に対して、番組の編集については、①公安及び善良な風俗を害しないこと、②政治的に公平であること、③報道は事実をまげないですること、④意見が対立している問題については、できるだけ多くの角度から論点を明らかにすること、といふ義務を課せられてゐる（第四条一項）。しかし、罰則規定もなく守られてゐないことは、特定秘密保護法案や原発の報道をみても明らかである。

この番組の問題点は、我が国の台湾統治を否定的にみる視点からのみ番組を作らうとしたこと、放送後も、偏向してゐるとの批判に対して偏向してゐないとの主張を続けたＮＨＫの体質である。民間から就任した当時のＮＨＫ会長は、この番組を三回見たが、「どんないいことを描いても、植民地政策です。……日本の植民地政策に軸足を置き、……当時の日本の姿を描こうという制作意図から作った番組ですので、……これでいい」と言つてゐる（ＮＨＫ第一〇九四回経営委員会議事録）。

放送法は、これもすべての放送事業者に対して、「真実でない事項の放送をしたという理由によって、その放送により権利の侵害を受けた本人又はその直接関係人から放送のあった日から三箇月以内に請求があつたときは、放送事業者は、遅滞なくその放送をした事項が真実でないかどうかを調査して、その真実でないことが判明したときは、判明した日から二日以内に、……訂正又は取消しの放送をしなければならない。」と定めてゐる（第九条一項）。

かつては請求の期間は二週間であつたが、平成七年の改正で三カ月になつた。これについては罰則がある。違反した業者は五十万円以下の罰金に処せられる（第百八十六条一項）。しかし、この訂正請求権は、訂正放送を求める私法上の請求権を認めたものではなく、国民全体に対する公法上の義務を定めたものであるといふ最高裁の判決がある（平成十六年十一月二十五日）[2]。

もちろん、今回の判決のやうに私法上の権利を侵害されたとして損害賠償を請求することは認められる。

いづれにしても今回の判決はＮＨＫの取材態度が厳しく弾劾されたのであるが、我々の立場からすれば、これは氷山の一角である。

これを打破するには、番組の公平か真実か、政治的な問題について両論併記を行つてゐるかなどを審査する別の第三者機関の設置が必要である。

放送法では、すべての放送事業者に、放送番組の適正を図るため、放送番組審議機関の設置を命じてゐるが（第六条）、事業者が自分で委員を選択するので、本質的な批判などできない。また、ＮＨＫについては、放送法では、ＮＨＫの経営全般について監督する経営委員会の設置を義務づけてゐる（第二十九条）。しかし、経営委員は、個別の放送番組について、編集の自由に干渉してはならないとされ（第三十二条二項）、個別の放送番組に文句をつけてはいけないことになつてゐる。もちろん真実に反する放送などがなされたときには意見をいふことができるとする考へもあり得るが、かなり限られた場合だけである。また、国会のコントロールも同様である。

実は、平成十九年に放送法が改正されたとき、捏造放送に対する行政処分などの規定があつたが、民主党が表現の自由を侵害するものであるとして反対して、その規定が削除され、また個別番組の編集に経営委員会が介入してはならないとの規定が盛り込まれたのである。

別の第三者機関では、もつと自由に個別の番組を審査すべきである。もつとも誰を委員にするかで、有名無実になるおそれはあるが、議論の内容が広く公表されれば、国民はなにが問題となるかを理解することができる。

最高裁判決

高裁判決は、本件番組を実に細かく見て分析した素晴らしいものであつたが、ＮＨＫは、平成二十五年十二月十一日、上告及び上告受理申立をした。そして、平成二十七年十月八日、最高裁から上告を受理したとの連絡があつた。十一月二十六日、弁論が行はれ、平成二十八年一月二十一日、高裁判決を破棄し、一審と同じく、我々の全面敗訴となつた。[3]
最高裁は、「人間動物園」といふのは、「パイワン族を日英博覧会に連れて行き、その暮らしぶりを展示するという差別的な取扱いをしたという事実を理解するのが通常である」が、日英博覧会に行つたパイワン族の娘である高許月妹さんを動物扱ひにしたわけではなく、彼女の社会的評価が低下したわけでもない、といふのである。
最高裁判決は、一審判決と同様、実に表面的な判断をしただけである。

注

1　判例時報二三二一六号五十二頁
2　判例時報一八八〇号四十頁
3　判例時報二三〇五号十三頁、なほ、この最高裁判決については、私が、『法学セミナー』（日本評論社）七四六号（二〇一七年三月号）に書いてゐるので興味のある方は御覧ください。

「百人斬り」訴訟不当判決

平成十七年八月二十三日、東京地裁でいはゆる「百人斬り」訴訟の判決があつた。私は、原告代理人として、他の多くの弁護士とともに、この事件の勝訴判決を得るために二年以上努力してきたが、残念ながら敗訴判決となつた。[1]

ここで、この事件そのものおよび判決の内容をできるだけ客観的に述べるとともに、それに対する批判、また私が目にふれた判決についての論評や感想に対する私の意見を述べることとする。できるだけ客観的にといふのは、左翼的な学者や評論家の論評は、同じやうに客観的にとか事実に即してといひながら、党派的な戦術戦略を優先してをり、自分の党派の勝利に貢献することが客観的であり、真実であるとみなしてゐるのではないかと思はれるからである。

私はもとより、この判決を不当であると思つてゐるものであり、しかも一方の当事者でもあるからその立場を完全に離れて述べることは難しいかもしれないが、できるだけ努力して以下述べる。

まづ、いはゆる「百人斬り」事件とは、読者の多くにとつては周知のことであらうが、簡単に記しおく。

支那事変（日中戦争）のさなか、日本軍は、各地で激戦を繰り返しながら上海から敗走する中国軍を追つて中国の奥地に入り込んでいつた。支那事変の早期解決をめざした日本軍は、昭和十二年十二月一日、当時の中国の首都である南京攻略を決定した。

その直前十一月三十日から、十二月四日、十二月六日、十二月十三日の四日にわたつて、東京日日新聞（現在の毎日新聞）に、上海派遣軍の第十六師団（師団長中島今朝吾中将）第十九旅団（旅団長草場辰巳少将）歩兵第九連隊（連隊長片桐護郎大佐）第三大隊（大隊長冨山武雄少佐）に所属する二人の将校が、南京までの間に、どちらが先に自分の持つてゐる日本刀で中国兵を百人切り倒すかの競争をしてをり、途中で、早くも百人を超えてしまつたが、どちらが先に超えたかわからないからまた競争をやりなほした、などといふ内容であつた。記事を書いたのは浅海一男記者であつた。最後の十二月十三日には、二人の将校のおほきな写真も掲載された。写真をとつたのは、佐藤振壽記者であつた。

二人の将校のうち一人は向井敏明少尉、もう一人は野田毅少尉（いづれも当時の階級）で、向井少尉は冨山大隊の歩兵砲小隊長、野田少尉は同大隊の副官であつた。

この新聞記事がどうしたわけか当時大反響を呼び、二人の将校は国民的英雄となつた。二人とも当時は新聞に掲載されたことを知らなかつたが、大部後になつて知るやうになり、全国各地から手紙やら慰問品が届くやうになつたのである。

大東亜戦争敗戦後、二人は、この新聞記事をもとに南京に連行され、同様のことで連行された田中軍吉大尉とともに、南京軍事法廷において、昭和二十二年十二月十八日死刑判決を受け、昭和二十三年一月二十八日、三人は銃殺刑に処せられた。

この記事の内容は、そのまま歴史上の話として消えていくはずであつた。ところが、二十年以上たつた昭和四十六年八月から十二月にかけて、朝日新聞の夕刊において、本多勝一記者が「中国の旅」といふシリーズ記事を連載し、その中の十一月五日に、「競う二人の少尉」のタイトルで、上官がけしかけた殺人ゲームであると書かれたことから、ふたたび脚光を浴びることとなつた。

「中国の旅」は、その後単行本として朝日新聞社から発行され、ベストセラーにもなつた。文庫本にもなり、合計で何百万部も発売されてゐる。現在でも文庫本は発売されてゐる。本多氏は、その後昭和六十一年、『南京への道』といふ単行本を発行し、より詳細に新聞記事を紹介するとともに、これは戦闘行為ではなく、捕虜の「据えもの百人斬り」といふ捕虜虐殺行為であるとの主張を始めたのである。

その後、南京事件論争の一環としてこの百人斬り論争が論壇を賑はせることとなつたのは周知のことである。これが「百人斬り」事件である。つまり当時の報道と本多氏の記事以降の論争を含むのである。

この論争は、結局のところ、当時の新聞記事どほりの百人斬りはあり得ないといふことで決着がついたと私は思つてゐた。実際にも決着はついてをり、新聞記事のとほりの百人斬りの主張は私の知る限りない。

本多氏らは、その後「百人斬り」を捕虜の据ゑもの斬りに重点を移していつたのである。平成十一年十月二十五日には『南京大虐殺否定論13のウソ』が柏書房から発行され、そのなかで本多氏は、百人斬りは捕虜の据ゑもの斬りであると改めて主張してゐる。

以上の「百人斬り」事件の中で、両少尉の遺族はつらい戦後を送つてきた。本多氏の著書は小中学校の授業にもとり上げられ、小学生が「野田さーん、向井さーん バカヤロー 人で遊ぶんじゃねー。人間のクズ 日本のはじ」などと感想文を書いたり、それが新聞で報道されたりした。各地で行はれてゐた（今も行はれてゐる）いはゆる平和展なるものに、両少尉の写真や、百人斬りの記事のコピーが飾られたりした。

そこで、われわれ弁護団は、向井少尉の長女と次女、野田少尉の妹さんを原告、本多氏、朝日新聞社、毎日新聞社、それに柏書房を被告として、被告らの執筆や発行の行為は、原告らに対する名誉棄損であるとして、平成十五年四月二十八日に、東京地裁に訴状を提出したのである。

裁判では、原告被告とも多岐にわたる事実や法律的主張をしたのであるが、私がもつとも驚いたのは、被告ら全員が、百人斬りは当初の新聞記事のとほりの事実であると主張したことである。

とりわけ毎日新聞社は、この主張を訴訟の当初からしてをり、他の被告がいづれもまづ百人斬りが新聞記事どほりの事実であると歩調を揃へたのは毎日新聞の主張に引きずられたのではないか。

毎日の主張は、新聞記事の内容は、戦闘行為であるから両少尉の名誉を高める内容ではあつても名誉を毀損する行為ではない、といふのである。しかし、戦闘行為としての日本刀での百人斬りは、浅海記者のホラ話の創作記事であり、たうてい真実ではないといふことは、当時は一部で、今ではほとんど誰もが判断してゐることである。毎日新聞社が、平成元年三月五日に発行した『昭和史全記録』といふ本の中で、百人斬りに触れ、「この記録は当時、前線勇士の武勇伝として華々しく報道され、戦後は南京大虐殺を象徴するものとして非難された。ところがこの記事の百人斬りは事実無根だった。」と書かれてゐるのである。この点を法廷で追及され、毎日新聞社は、これは社の見解ではなく、執筆者（誰かは不明である）の個人的見解であると反論した。しかし、戦闘行為中の武勇伝としての百人斬りはたしかに名誉棄損ではないが、余りに無理な話である。戦国時代の白兵戦ではないし、向井少尉は歩兵砲小隊長であり、野田少尉は大隊副官であるから、職務上自分の任を離れて敵兵の中に白刃を振りかざしてなぐりこむなどあり得ないことである。判決では、この点の判断をまつたくしてゐない。これでは判決の遺漏である。

次に、被告側は、右事実が真実であるとの主張のほかに、三つの書籍の中の百人斬りに関する記述について（すべて本多氏が書いたものであるが）について、これは事実に関する記述ではなく、論評だといふ主張をしてゐる。すなはち、白兵戦などのやうな状況で自分が傷つかずに百人も斬るのは不可能であるからそれを「据ゑもの百人斬り」と表現したもので、実際に「据ゑもの百人斬り」をしたとの事実を摘示したものではない、といふのである。

ある記述が名誉棄損に当るかどうかについて、判例は、一般人の基準に従つて、ある者の社会的評価を下げる記述かどうかによるものであり、その判断に当つて、その記述が事実に関する記述であるか、意見ないし論評の表明であるかを区別してをり、本判決もその判例に従つてゐる。

たとへば、「鈴木太郎はいいかげんな人物だ」とか、法廷における弁護士の証人尋問活動を「ソフィスト的詭弁」だといふことはそれだけでは事実に関する記述ではなく、名誉棄損には当らない。ただその前に、色々な事実に関する主張があつてその結果、「いいかげんな人物だ」だとか「ソフィスト的詭弁」だとかの記述があれば、その前の事実に関する主張を判断して全体として名誉棄損に当ると判断されることはあるのである。

そこで、「据ゑもの百人斬り」を含む本多氏の百人斬りに関する記述が、事実に関する記述であるか、論評であるかについて、判決は、その基準は、証拠等をもつてその存否を決することができることが可能な他人に関する特定の事項を主張してゐるかどうかであるといふ、判例通説によつて判断してゐる。

たとへば、「いいかげんな人物」かどうかとか、「ソフィスト的詭弁」かどうかはそれだけでは証拠などによつて判断できないのに反し、「鈴木太郎は人を殺した」といふことは証拠でその正否を判断できるのである。

判決はわれわれの主張をいれ、本多氏の執筆した記述の大部分を事実に関する記述であると判断した。認めなかつたのは、向井野田両少尉が、南京の獄中の陳述書において、若干異つた記述があるのを、本多氏は、「一種なすりあいしている」と悪意のある記述をしてゐるが、われわれはこの記述も名誉棄損に当ると主張したのに対して、判決ではこの部分だけが事実に関する記述ではなく、論評であるとした部分だけである。しかも、この点も他の記述と併せて名誉棄損に当る記述であると判決は認めてゐる。

しかし、本件書籍中の論文中の百人斬りについての記述が、事実についての記述ないし、名誉棄損に当る記述であると判決が認めたとしても最終的に名誉毀損であると認めるにはいくつかの難しい法律的な論点がある。

ここで、一般的な民事上の名誉棄損の成立要件をわかりやすく述べておきたい。

ある記事が名誉棄損であるかどうかの第一の基準は、その記事が事実に関する記述か論評ないし意見かどうか、その記事によつて、書かれた者の社会的評価が低下する内容かどうかである。社会的評価が低下するものでなければそもそも名誉棄損にはならない。たとへば、「A衆議院議員は詐欺商法に従事してゐた汚い人間である。」といふ記事があつたとして、これが事実に関する記述かどうか、「詐欺商法に従事してゐた」といふ記述は必ずしも事実に関する記述ではなく論評の場合もある。しかし、他の事実とあはせて一応社会的評価を低下させる記述であるとする。すると、第二の基準、その記述が公益目的で書かれたかどうかで名誉棄損の正否が異る。公益目的でなければ真実であつたとしても名誉棄損となる。A氏は衆議院議員であるから、A氏について、同氏が詐欺商法に従事してゐたかどうかは公益目的で書かれたものと考へられる。

公益目的で書かれたとして、次に、それが真実かどうか、かりに真実でなかつたとしても作者が真実であると信ずるについて相当の理由があるかどうか、といふ基準がある。真実であればもちろん、真実でなかつたとしても作者が真実であると信ずるについて相当の理由があれば名誉棄損とはならない。A氏が詐欺商法に従事してゐたかどうかを、記事の著者が立証しなければならない。完全に立証できなくても、色々な資料から、著者が、A氏が詐欺商法に従事してゐたと信じたのはもつともだといふ資料があれば、著者について名誉棄損は成立しない。A氏が詐欺容疑で逮捕されたことがあつたとしても、相当の理由としては不十分である。無罪となることがあるからである。

これが通常の名誉棄損訴訟であるが、本件訴訟は、さらに死者の名誉に関する事件であるといふ別の問題がある。

刑法では死者の名誉棄損罪を特別の場合に認める規定があるが、民事上は議論がある。英米法では死者の名誉棄損は認められず、ドイツでは認められてゐるとのことである。

我が国の判例では、直接は認めてゐないやうであるが、ただ、死者の人格権を侵害する行為が、同時に遺族の人格権をも侵害する場合と、死者に対する敬愛追慕の情を侵害した場合には、遺族が自分の人格権の侵害を理由として救済を求めることができる。

本件判決では、「名誉等の人格権は、いわゆる一身専属権であると解すべきところ、人は、その死亡によって権利能力を喪失するものであるから、上記の人格権も消滅するもので……ある。……両少尉固有の名誉が毀損されたとする原告らの主張は、……採用することができない。」といふことになつた。私は、裁判所は、もつとこの点を踏込むべきであると考へるが、多数説の考へを述べてゐるにとどまつたのは残念である。

本件書籍の百人斬りに関する記述が、原告らの両少尉に対する敬愛追慕の情を侵害した場合に、名誉棄損が成立することはもちろん認めてゐるが、その要件について、判決はやや詳細な分析をしてゐる。判決を摘記してみよう。

一般に、死者に対する遺族の敬愛追慕の情は、死の直後に最も強く、その後、時の経過とともに少しずつ軽減していくものであると認め得るところであり、他面、死者に関する事実も、時の経過とともにいわば歴史的事実へと移行していくものともいえる。……たとえ死者の社会的評価の低下にかかわる事柄であっても、相当年月の経過を経てこれを歴史的事実として取り上げる場合には、歴史的事実探求の自由あるいは表現の自由への慎重な配慮が必要となると解される。（改行）それゆえ、……死者が生前有していた社会的評価の低下にかかわる摘示事実又は論評若しくはその基礎的事実の重要な部分について、一見して明白に虚偽であるにもかかわらず、あえてこれを摘示した場合であって、なおかつ被侵害利益の内容、問題となっている表現の内容や性格、それを巡る論争の推移など諸般の事情を総合的に考慮した上、当該表現行為によって、遺族の敬愛追慕の情を受任し難い程度に害したものと認められる場合に初めて、当該表現行為を違法と評価すべきである。

一般の名誉棄損は、前述のとほり、原告側は、記述が事実に関するものであり、原告の社会的評価を低下させる記述であることを立証すればよく、被告側が、公益目的であるとか、真実か真実であると信ずるについて相当の理由があつたといふことを立証しなければならないのであるが、本件で判決は、一般の名誉棄損とは逆に、原告側に、「死者が生前有していた社会的評価の低下にかかわる摘示事実又は論評若しくはその基礎的事実の重要な部分について、一見して明白に虚偽であるにもかかわらず、あえてこれを摘示し」てゐること、しかも、さらに、「諸般の事情を総合的に考慮した上、当該表現行為によって、遺族の敬愛追慕の情を受任し難い程度に害したものと認められる場合に初めて、当該表現行為を違法と評価すべきである」といふのであるから、遺族としては二重のしばりをかけられたことになる。これは事実不可能を強ひるものではないか。

裁判所は、以上の基準を設定したうへ、種々の証拠を引用して次のやうに判断してゐる。

①両少尉が、「百人斬り競争」を新聞記事のとほりに実行したかどうかについては疑問の余地がないわけではない。

②両少尉の写真を撮影した佐藤記者が、両少尉からこの競争の話を聞いたことは一貫してゐる。

③この記事を書いた浅海・鈴木両記者は、極東軍事裁判におけるパーキンソン検事の尋問以来一貫して記事の内容が真実である旨供述してゐる。

④両少尉自身も冗談ではあつても「百人斬り」の話をしたことを認めてゐる。

⑤少くとも野田少尉は、この記事以後も「百人斬り」を認める旨の発言をしてゐることが窺はれる。

⑥向井少尉が負傷して紫金山の戦闘に参加しなかつたといふが、部下の行軍記録にその記載がないから負傷したといふことは立証不十分である。
⑦両少尉とも紫金山には行つてゐないといふが、冨山大隊が紫金山付近で活動してゐなかつたとまではいへない。
⑧向井少尉がパーキンソン検事から事実無根であるといはれたといふが、向井少尉の手記以外にそのやうな証拠がない。

以上を根拠に、判決は次のやうにいふ。

連載記事の行軍経路や殺人競争の具体的内容については、虚偽、誇張が含まれている可能性が全くないとはいえないものの、両少尉が「百人斬り競争」を行ったこと自体何ら事実に基づかない新聞記者の創作によるものとまで認めることは困難である。

これは驚くべき判断である。両少尉が浅海記者と「百人斬り競争」について冗談話をしたことは事実であると考へられるが、しかしその内容について「何ら事実に基づかない新聞記者の創作」とまではいへないといふのであるから、逆にいへば、何らかの事実に基いてゐるといふことになる。裁判所は何らかの事実を示すべきではないか。さうでなければ反論のしようがない。

歩兵砲小隊長と大隊副官が任務を放擲して、日本刀を振りかざして敵陣になぐりこむ、さうやつて殺した敵兵の数が百を超える、これは従軍経験者の目から見れば奇想天外の結論といはざるを得ない。この中の、どこに何らかの事実が含まれてゐるのであらうか。

日本刀ではなく、大砲を発射することによつて敵兵が死亡したといふのでは、この記述のもつとも重要な部分が害はれてしまふので、大砲でといふことになれば、それは何らかの事実とはいへない。

現に、被告側も、前述のとほり、白兵戦の中で「百人斬り」など無理であるから、その論評として捕虜の据ゑもの斬りであると書いたのであると述べてゐるである。


次に、判決は、捕虜斬殺の点について、野田少尉の講演を聞いたといふ志々目彰の発言や志々目の大阪陸軍幼年学校の同期生である辛島勝一の話から野田少尉が捕虜を斬つたといふ話を聞いたといふ限度では両名の記憶が一致してゐる。

また、望月五三郎の著書に両少尉が農民を奪ひ合ひながら斬殺した状況が書かれてゐるが、「これを直ちに虚偽であるとする客観的資料が存しない。……志々目彰の上記著述内容を一概に虚偽であるということはできない。」

「以上の諸点に照らすと、本件摘示事実が一見して明白に虚偽であるとまでは認めるに足りない。」

「一種のなすり合いである」との論評も、「これが正鵠を射たとまではいえるかどうかはともかくとして、これを直ちに虚偽であるとか、論評の範囲を逸脱したものとまで言うことはできない。」

毎日新聞については、記事掲載から六十年以上経過してゐるので、除斥期間が経過してゐることによつて、損害賠償請求権は消滅してゐる。

そもそも「百人斬り競争」と捕虜斬殺とはまつたく別の話であり、捕虜斬殺は、本多氏が「中国の旅」で言ひだしたことである。志々目氏の文章（同氏の文章は本多氏の文章の発表とかなり近いので関連がないかもしれない）も、望月氏の著書もすべて本多氏の文章が発表されてからのものである。望月氏の著書に至つては、「百人斬り競争」の話が有名になつてから、出鱈目の内容の本を自家出版したもので、これを、「一概に虚偽であるということはできない。」といふのであれば、後知恵で出版されたどんな際物本でも、その内容を否定するのは不可能に近い。このやうな後知恵の杜撰な書物の内容は、私には「一見して明白に虚偽である」ことの根拠になると思はれるが、裁判所はさうは思はなかつたのである。

「百人斬り競争」とはまつたく別の話である捕虜斬殺について、本多氏が突然書き出したからといつて、それについて志々目氏と望月氏それと辛島氏の記述だけから、「一概に虚偽であるということはできない。」といふやうな結論が出るとは思へない。

とくに、辛島氏の文章ついて、判決は解釈を誤つてゐる。証拠として出された辛島氏の文章といふのは、志々目氏の文章に寄せた、辛島氏の私信である。その中で、辛島氏は、「百人斬り」事件によつて、野田氏がマスコミの犠牲者になつたと書いてゐるのである。ただ、野田氏の講演の中で、逃亡をくはだてた少数の捕虜を切つた話をしたと書いてゐる部分を、判決では、野田少尉の据ゑもの斬りの話が、「一概に虚偽であるということはできない。」といふことの根拠に使つてゐるのである。しかし、何度も述べるやうに、「百人斬り」とは別の話であり、本多氏は別の話を利用して捕虜据ゑもの斬りの根拠としてゐるのである。

南京において、捕虜の処刑が行はれたことを否定する者はゐない。ただ、この処刑が適法か違法かの論争があるのである。野田少尉が捕虜を切つたかどうか、辛島氏の手紙以外に何の証拠もない。かりに事実であつたとしてもそれは捕虜据ゑもの斬りといつた、違法行為であることが明らかな事例とは異なるはずである。また、上官が賞金を出して競争させるといふ話ともまつたく異るのである。上官が賞金を出して競争させるといふ話も新聞記事にはない、本多氏の創作なのである。判決がこれら、すなはち、新聞記事と本多氏の文章、志々目氏の文章、望月氏の本、辛島氏の手紙を全部引つくるめて、両少尉が捕虜据ゑもの斬りを行つたといふことを、「一概に虚偽であるということはできない。」と述べてゐるのである。不当であるといふしかない。

あとは除斥期間や論評については法律的なこまかい議論となるので省略するが、この判決には、たうてい承服できないので、我々は控訴審で争ふことにしたのである。

判決後、事実を伝へた新聞報道以外に私の目についた批判論評は『週刊金曜日』の平成十七年の九月二日号だけである。

同誌には、星徹といふ人と本多氏の意見が掲載されてゐる。星氏の文章のタイトルは、「遺族の悲しみを〝利用〟しているのは誰か」といふもので、本当に遺族の気持を考へてはゐないのではないかといふ趣旨を述べてゐる。星氏は当事者ではないから仕方がないかもしれないが、遺族が本多氏の「中国の旅」執筆以後どのやうな苦しみを受けてきたのかわかることはできないのであらう。

あとは、判決の読み方についての誤解があるのはこれも専門家ではないから仕方がないことかもしれないが、被告側の全面勝訴であることは正しいとして、向井少尉が負傷したことはないとする被告側の主張を全面的に認めた、といふことは誤りである。判決は、「向井少尉が丹陽の戦闘で負傷し……たとの主張事実を認めるに足りない」といつてゐるだけである。

また星氏は、私が、本件記述について裁判所が「名誉棄損にあたる記述である」ことは認めた、と述べたことを、被告側の弁護士の意見を引用して、ナンセンスであると述べてゐる。これも私の趣旨を曲解したもので、前述のとほり、私は、名誉棄損が認められるには、裁判所の用語を使へば、書かれた者の社会的評価を低下させる事実の記述が必要であるといふ意味であり、被告側の弁護士がいつてゐるやうに、名誉棄損が最終的に認められるための前提条件であることを述べたのである。しかも、私は記者会見ではその旨述べてゐる。ただ、星氏が被告側の弁護士の意見として、被告の記述が、両少尉の社会的評価を低下させるものであることを、「われわれは争ってはいない」といつてゐるが、争つてゐたのである。

また、この種の問題は、裁判で争はれる筋合のものではないとの、被告側弁護士の発言を伝へてゐるが、一方、平成十五年四月十日に判決のあつた、李秀英名誉棄損裁判について、言及してゐる。この事件は、今回の事件の本多氏の代理人が李氏の代理人となつて起した裁判であるが、私は被告側代理人を務めた。しかも、これこそ裁判で争はれる筋合のものではないのではないか。この事件の被告は、南京事件の研究書の著者であり、同書の中で李氏について様々な角度から同氏の発言を分析したものである。星氏が述べるやうに李氏をニセ被害者扱などしたものではない。残念ながらこの事件も敗訴したが、私は今でもきはめて不当な判決であると思つてゐる。

星氏は、私がこの両事件の代理人を務めたこと、他の代理人にも共通の者がゐること、また私が「新しい歴史教科書をつくる会」の理事に就任したことなどあげ、私たちが歴史改竄運動をやつてゐるかのやうに主張してゐる。これなどまともに反論するのも大人気ないが、余りに脈絡がない主張である。そのうへ、扶桑社版教科書について、「日本の侵略戦争を美化している」と批判されてゐるといふが、そのやうに発言したある教育委員が、同教科書のどこが侵略戦争を美化してゐるのかといふ、「新しい歴史教科書をつくる会」の抗議に対して返答できなかつたことを知つてゐるのであらうか。

『週刊金曜日』には、本多氏の短いコメントも掲載されてゐる。ドイツは偉いが日本は駄目だといふ、いつものやうなコメントであるが、本件に関連していふと、私は、本多氏が、望月氏の著書について、据ゑもの斬りの描写が実に詳細で生々しい、など書いてゐるのを読むと、本多氏の文章を読む力を疑はざるを得ない。

また、何よりも当事者たる二人の将校が死刑に際しての遺言の中で「百人斬り」を認めてゐるといふが、それは、遺書の中に、「公平な人が記事を見れば明らかに戦闘中の行為」だとあるのを指すのだと思はれる。もちろんこの文章だけを見ればそのやうな解釈もできるが、文章は全体を見なければ解釈できないはずである。両少尉は、絶対に捕虜住民を殺害せることなしとか、言はれてゐる戦闘には参加してゐなかつたと述べてゐるのである。戦闘中の行為云々は、新聞記事だけから判断しても戦闘行為であり、犯罪ではないかといふ意味であることは私には明らかであるが、本多氏はさうではないらしい。

「百人斬り事件」は八十年前のことであるが、私は、当時の記事掲載の状況にたつて記事を分析することは可能であると思ふ。たまたまそのやうな記事があつたから、それを利用して日本軍の別の蛮行の証拠として利用しようとするのは正しい歴史の叙述とはいへないのではないか。この事件の解釈に大虐殺派だからとか、まぼろし派だからといつたレッテルを貼るのは誤つてゐるが、大虐殺派は、「百人斬り」が否定されると、南京事件そのものが否定されると思つてゐるやうである。

判決の内容には不満はあるが、判決がそのやうな見方に立つてはゐないことに、わづかな救ひがある。

平成十七年九月五日、右判決に対して東京高裁に控訴したが、一回の弁論だけで、平成十八年五月二十四日、控訴棄却の判決が出た。[2] 中身も一審判決と同様であるが、遺族の敬愛追慕の情を認める要件については、一審よりも厳しい条件となつた。一審は、前述のやうに、「一見して明白に虚偽であるにもかかわらず、あえてこれを摘示した場合」となつたのを、二審は、「事実の重要な部分が全くの虚偽であることを要する」とした。

ただ、「百人斬り競争」自体については、一、二審とも、ほぼ疑問であると判断してゐる。二審を引用する。

南京攻略戦当時の戦闘の実態や両少尉の軍隊における任務、1本の日本刀の剛性ないし近代戦争における戦闘武器としての有用性等に照らしても、本件日日記事にある「百人斬り競争」の実体及びその殺傷数について、同記事の内容を信じることはできないのであって、同記事の「百人斬り」の戦闘戦果は甚だ疑わしいものと考えるのが合理的である。

それなのになぜ、遺族の敬愛追慕の情の侵害にならないかについては、次のやうに述べる。

両少尉が、南京攻略戦において軍務に服する過程で、当時としては、「百人斬り競争」として「新聞報道されることに違和感を持たない競争をした事実自体を否定することはできず、本件日日新聞記事の「百人斬り競争」を新聞記者の創作記事であり、全くの虚偽であると認めることはできないというべきである。

この判決に対して、我々は、平成十八年六月六日に、上告状兼上告受理申立書を提出したが、十二月二十二日、最高裁から、上告棄却、上告受理しないとの決定が届いて、この事件は終りとなつた。

私は、この事件は、死者の名誉毀損に関することであるから、私が関与した他の南京事件に関する名誉棄損訴訟よりも勝ち切るのは難しいとは思つてゐたが、「事実の重要な部分が全くの虚偽であることを要する」など、不可能を要求するものではないか。さらに、「百人斬り」とは何の関係もない、本多氏の捕虜の据ゑもの斬りの主張に影響されてか、「その競争の内実が本件日日記事の内容とは異なるものであったとしても、…両少尉が、南京攻略戦において軍務に服する過程で、当時としては、『百人斬り競争』として新聞報道されることに違和感を持たない競争をした事実自体を否定することはできず」といった判断（高裁判決）などまつたく承服できない。

注

1　判例集には登載されてをらず、データベース「判例秘書」にある。判例番号L06121085

2　「判例秘書」判例番号L06121085

東京裁判と「パル判決」

「パル判決」は、日本無罪論ではないのか

『正論』誌上において、「パル判決」についての論争が続いてゐる。[1] 私は、学者でもなく、東京裁判およびパル判決について深く研究したこともないが、東京裁判にはかねてから関心も持ち、一般啓蒙書を多読してゐる。パル判決については、昭和六十二年三月から翌六十三年四月にかけて、私の事務所で、数人で「パール判決」を読んだことがある。この読書会には、専門家である牛村圭氏にも出席していただき、助言をいただいたことがある。

そのやうな私に対して、東京裁判と「パル判決」について書けと『正論』編集者からいはれ、とてもその任にあらずと一旦は断つた。しかし、いはば専門家と素人の間にある者として意見を述べる意味もあるのではないかと説得され、引き受けることにした。

「パル判決」を読んだとはいつても、二十年以上前、その後も折にふれて断片的に紐どいたことはあるとはいつても精密に検討したものではなく、まして膨大な東京裁判に関する研究書のほとんどに目を通したといふことはなく、まして、パール判事その人について研究したこともないので、浅薄な理解、誤解、端的に誤りがあることをおそれるが、専門家と素人

の中間、むしろ素人に近い法律家としての意見を述べることにもなにがしかの意義があるかと考へ、冒頭から弁解で恐縮ではあるが、以下述べる。述べるについては、専門家にとつては当り前である初歩的に事項についても述べることにする。

今行はれてゐる論争は、「パル判決」は、被告人個人の無罪をいふだけなのか、それとも日本無罪論であるかどうかが中心であるが、それから派生して、著名な法哲学者ハンス・ケルゼンをパル判事がどう理解してゐたか、その理解は判決にどうのやうな影響を及ぼすのか、といつた論争に発展してゐる。[2] 冒頭述べたやうに、パル判決、東京裁判を読み解くだけでも膨大な時間と知識が必要なのに、さらにケルゼンについての理解も必要となるので、とても私には手に余る仕事であると再び弁解することをお許しいただきたい。

東京裁判は、一種の刑事裁判であり、被告人らはいはゆるA級戦犯と呼ばれた個人であるから、判決は個人についてのもので、この点は異論がありやうがない。パル判事も当然被告人ら全員について無罪にすべきであると主張したのである。

ただ問題は、パル判事が被告人ら全員を無罪だと判断した根拠、すなはち判決理由が日本無罪であるかどうかであり、私には、訴因の「平和に対する罪」については、「パル判決」は日本無罪であるから被告人らは無罪であると判断したとしか解釈できない。

東京裁判は、我が国と連合国との間で、法的には戦争状態が継続してゐる間に、開廷され、判決が出て、刑の執行がなされたもので、連合国最高司令官による占領政策の一環として行はれたのである。

昭和二十年（一九四五年）八月三十日に、マッカーサー連合国最高司令官が厚木基地に到着し、九月二日、東京湾内停泊中の米戦艦ミズーリー号上において、日本政府による降伏文書調印が行はれたが、その九日後の九月十一日に、東条英機元総理大臣他三十九名、十一月十九日に十一名、十二月二日に五十九名が戦犯として逮捕された。そのほかに個別に逮捕された者もゐる。[3] 昭和二十一年（一九四六年）一月十九日、マッカーサー連合国最高司令官が極東軍事裁判所条例を公布して裁判所の設置を命令。四月二十六日、同条例を改正。四月二十九日、起訴状を公表し、二十八人の被告に交付された。

この二十八人の被告がいはゆるA級戦犯である。このA級戦犯といふ名称は、裁判所条例の第五条に由来するものである。第五条は、次のやうに規定されてゐる。[4]

第五条　人並犯罪に関する管轄

本裁判所は、平和に対する罪を包含せる犯罪に付個人として又は団体構成員として訴追せられたる極東戦争犯罪人を審理し、処罰するの権限を有す。

左に掲げる一又は数個の行為は、個人責任あるものとし、本裁判所の管轄に属する犯罪とす。

（イ）平和に対する罪　即ち、宣戦を布告せる又は布告せざる侵略戦争、若は国際法、条約、協定又は保証に違反せる戦争の計画、準備、開始、又は実行、若は右諸行為の何れかを達成する為の共通の計画又は共同謀議への参加。

（ロ）通例の戦争犯罪　即ち、戦争法規又は戦争慣例の違反。

（ハ）人道に対する罪　即ち、戦前又は戦時中為されたる殺戮、殲滅、奴隷的虐使、追放其の他の非人道的行為、若は政治的又は人種的理由に基く迫害行為であって犯行地の国内法違反たると否とを問はず本裁判所の管轄に属する犯罪の遂行として又はこれに関連して為されたるもの。

上記犯罪の何れかを犯さんとする共通の計画又は共同謀議の立案又は実行に参加せる指導者、組織者、教唆者及び共犯者は、斯かる計画の遂行上為されたる一切の行為に付、其の何人に依り為されたるとを問はず責任を有す。

右規定のうち、（イ）が英文では（a）となつてをり、この条項に該当するとして逮捕起訴されたものをA級戦犯と呼ぶやうである。ちなみに、右規定の（ロ）（ハ）は英文では（b）（c）であるから、同条項に該当するものはＢＣ級戦犯と呼ばれ、連合国各国により世界各地で行はれた軍事裁判をＢＣ級戦争犯罪裁判と呼ばれた。

したがつて、A級BC級といつても、追及されてゐる罪の重さの度合ひではなく、対象の罪の内容の違ひであるだけなのに、あたかもA級は一番重大犯罪人で、それに至らないものがBC級であるといふ誤解がある。この誤解によつて、比喩的に、「年金改竄問題のA級戦犯は誰それだ」といふ言ひ方がなされてゐるのは誤りである、と牛村教授は強調してゐるが、そのとほりである。

昭和二十一年五月三日、裁判が開廷され、以後昭和二十三年四月十六日まで四一六回審理され、同年十一月四日から十二日にかけて土日を除いて連日七日間、判決文が朗読された。そこで、平和に対する罪に限定して、起訴状及び検察官の冒頭陳述をみてみる。

起訴状は、条例第五条のイロハの順で第一類平和に対する罪として訴因の第一から第三十六まで記載されてゐる。ちなみに第一の記載は次のとほりである（片仮名を平仮名に、漢字を常用漢字に直す）。「訴因」とは、犯罪の特別構成要件にあてはめて法律的に構成された具体的な事実である。

全被告は他の諸他の人々と共に一九二八年（昭和三年）一日一日より一九四五年（昭和二十年）九月二日に至る迄の期間に於て一個の共通の計画又は共同謀議の立案又は実行

に指導者、教唆者又は共犯者として参画したるものにして斯かる計画の実行に付き本人自身により為されたると他の何人により為されたるとを問はず一切の行為に対し責任を有す

斯かる計画の実行又は共同謀議の目的は日本が東「アジア」並に太平洋及び「インド」に右地域内及び之に隣接する凡ての国家及び島嶼に於ける軍事的、政治的及び経済的支配を獲得するに在り而して其の目的の為め独力を以て、又は同様の目的を有する他の諸国と共同して、若くは右計画乃至共同謀議に誘致又は強制的に加入せしめ得る他の諸国と共同して、其の目的に反対する国又は国々に対し宣戦を布告せる又は布告せる（ママ　せざる?）侵略戦争並に国際法、条約、協定及び誓約に違反する戦争を行ふに在り

要するに、全被告と他の人々が、昭和三年から、東アジア、太平洋およびインド洋にある国々を支配しようとして侵略戦争[5]を起す計画を立てて実行したということである。

昭和三年というのは、済南事件、第三次張作霖事件などのあつた年である。起訴状によれば、日本はこの年から東アジア、太平洋及びインド洋全域にかけて支配しようとする計画を立て実行したといふのである。

次に、キーナン首席検察官の冒頭陳述を要約しながら述べると次のとほりである。

是は普通一般の裁判ではありません。何故ならば我々は現にここで全世界を破滅から救ふ為に文明の断乎たる闘争の一部を開始して居るからであります。此の破壊の脅威は自然力から来るのではなくして支配に対する無謀な野心を以て此の世界に時ならぬ破壊を進んで持ち来たす人々の入念に計画された努力から齎らされるのであります。……世界を通じて被告を含む極めて少数の人間が私刑を加へ自己の個人的意志を人類に押しつけんとしたのでした。彼等は文明に対し宣戦を布告しました。（中略）条約、協定及び保障は彼等のこころの中では単なる言葉―紙片―として扱はれたのでした。従つて彼等の努力の上に何等阻止的影響を作らなかつたのでした。彼等の目的は世界中に武力を放たれるべきだと云ふ事でありました。（後略）

我々の目的とする所は予防或は阻止であります。それは報復とか復讐とか謂ふ些細な取るにも足らぬ目的とは何等関する所がありません。然しながら本審理中に於て我々の切に望んで居る所は人類に是等の苦しみを持ち来す者を普通の重罪犯人として烙印を捺し且つそれに従つて処罰することが将来同型に属する者が出て来た場合其の侵略的好戦的活動を制止する効果を有する事があり得ない事でもなく又考へ得られないことでもないと云ふことであります。（後略）

（中略）

……「宣戦を布告せる又は布告せざる侵略戦争の計画、準備、開始竝に実行」又は「国際法、条約、協定又は保障に違背せる戦争の計画、準備、開始又は実行」が此の定義の最初の部分をとるならば此の場合本質的要素とは「侵略戦争」であります。是は国際法の下に於ける犯罪ではないでせうか。そして起訴状に言及してある期間中始終左様であつたのではないでせうか。我々は然り、且つさうであつたと主張する者であります。

此の結論に到達する為には我々は二つの事柄を立証致さねばなりません。即ち第一は此の問題に関する国際法の存在する事、第二はそれが国際法の下に於ける犯罪であると云ふ事であります。此の二つの事を立証する事は本裁判に於ける重要なる課題であると信じます。

起訴状及び検察官の冒頭陳述に対応して、判決は、第四章　軍部による日本の支配と戦争準備、第五章　日本の中国に対する侵略、第六章　ソビエット連邦に対する日本の侵略、第七章　太平洋戦争と章建てをして、すべてについて、日本が侵略戦争を計画準備実行したことを認めてゐる。

判決は、十一名の裁判官中七名の多数意見によつて書かれた。全員での判決の打合せはなされなかつた。また五名の裁判官が少数意見を書いた。五名のうち一人がパル判事である。パル判事が書いた少数意見が通常「パル判決」といはれてゐる。これは本人が「反対判決」と表題をつけてゐるためであるが、性格は東京裁判の判決についての少数意見、反対意見である。しかし、慣例に従つて以下「パル判決」といふことにする。

右に述べた多数意見に対して、パル判決は、日本が戦つた戦争（大東亜戦争）が侵略戦争であつたかどうか、かつまた侵略戦争をおこしたことについて被告人らの間に共同謀議があつたかどうかについて、いづれもなかつたと判断してゐる。

大東亜戦争が侵略戦争でなかつたとすれば共同謀議について判断する必要がないとも思はれるが、パル判事は、膨大なパル判決全体の半分以上を共同謀議についての議論に費やしてゐる。これは、共同謀議といふのは英米法に特有な犯罪で、結果が発生してゐなくても謀議自体が犯罪であるとするもので、我が国でいふ共犯とは異なる概念である。そこで、共同謀議の存否について判断したものであらう。

大東亜戦争が侵略戦争でなかつた根拠は、パル判決によれば、侵略戦争自体が犯罪ではなかつたからであるといふ。

パル判事は、「一　ここに訴追されているような性質の戦争が、国際法上の犯罪となったか否か。二　訴追されているような性質の戦争が国際法上の犯罪であると仮定すれば、はたしてここに訴追されているような役目を果した個人たちが、国際法上のもとにおいて刑事上の責任を負うべきであるか否か。」（上三〇三頁）といふ質問を投げかけ、それぞれ判断してゐる。

一については、第一次世界大戦まで、それ以降一九二八年のパリ条約まで、それ以降の第二次世界大戦まで、第二次世界大戦以降、と分けて多くの学説や条約の解釈などを分析しながら犯罪ではないとしてゐる。

二については、これも侵略戦争が犯罪でなければこの分析は不要なはずであるが、念のため詳細に分析して個人責任がないとしてゐる。

そして結論として、「一　国際生活においてどの種類の戦争も、犯罪もしくは違法とならなかったということ。二　政府を構成し、その政府の機関としての機能を遂行する人々は、かれらがなしたと主張される行為について、国際法上なんらの刑事責任を負うものでないこと。三　国際団体は、国家もしくは個人を有罪と決定し、これを処罰するための司法手続きを、その機構内に包含することを得策とするような段階には今日までのところまだ到達していないこと。」(上四六七頁)と述べる。この結論を出す過程で、ケルゼンはじめ多くの学者の説を引用分析してゐる。

私は、ここでのパル判事が引用してゐるケルゼンの学説には若干の違和感を感ずる。ここで、ケルゼンは、第二次世界大戦を引き起した張本人は簡単だ、ドイツでは総統、イタリアでは統領と国王、日本では首相と天皇である、そしてそのやうな独裁者を処罰することはその国家を処罰するのとほとんど同じことである、と言つてゐるといふのである。また、国家の行為といふのは、それを行つた個人の行為が国家に帰属させられるといふことであつて、その行為を行つた個人に帰属させられるべきものではないといふことである、といふのである（上四〇二頁）。

前半については、我が国に独裁者は存在しなかつたことは明らかであり、後者については当時はさうであつたかもしれないが、現在は国家賠償法などが存在する。ただ、私には、パル判事が述べてゐるケルゼンの引用が正しいのかどうか判断する能力はない。

また、パル判事が、「どの種類の戦争も、犯罪もしくは違法とならなかった」といふが、パリ条約においては、侵略戦争は違法であるとされたのではなかつたか、疑問がある。しかし、パリ条約においては、侵略戦争は違法であるとされたとしても、なにが侵略戦争かは決まつてをらず、当事者の判断にゆだねられてゐたのである。したがつて、パル判決の結論には影響がない。

パル判事は、国際法の解釈に、慣習が重大な影響を持つものであること当然認めてゐるが、侵略戦争が犯罪であるとするほどには慣習が成熟してゐないといふ。

パル判事は次のやうにいふ。

法律制度の発展を招来する生き方を発見するのは、疑いもなく法源の理論の機能であろう。しかしこれらの生きた力も法となるには、なお、ある十分な社会的発展の過程を経なければならない。しかし、敗戦国民を裁判することは、この目的のための正当かつ十分な社会的発展過程であるとは、本官は考えない。すくなくとも国際生活における法律関係を発展させるにあたって、かような敗戦国の無力感が根拠として用いられることを許すべきではない。たんに力で抑えるということは、それがたんなる力に過ぎないと判明する時が来るのをいつでも防ぐことはできないのであり、法の領域に属するものとして適用することはできないのである。（上三六九頁）

これは名言である。

共同謀議についてのパル判事は、検察側の共同謀議の主張を次のやうに要約してゐる。

一　満洲の支配獲得　二　満洲の制覇を中華民国の他の全地域に拡大したこと　三　国内的に、また枢軸諸国との同盟によって、侵略戦争のための日本国の準備をととのえたこと　四　さらに数個の侵略戦争を行うことによって共同謀議をさらに東アジアの他の地域、太平洋およびインド洋に拡大したこと（上六四四頁）

その判断はあまりに膨大であるので、省略する。要するに、すべての点において、被告人らの間での共同謀議を否定したのである。

以上のやうに、パル判決は、すべての戦争は犯罪ではなかつた、その戦争についての共同謀議は認められない、したがつて被告人らは無罪であるといふことである。その被告人らの大部分は、政府や軍の指導者であつた。

これは要するに、日本が無罪であるからその指導者である被告人らも無罪であるといふ論理ではないだらうか。俗に「会社ぐるみの犯罪」といはれることがある。行政刑法上、法人が処罰の客体となることはあるが、通常は「会社ぐるみの犯罪」であつても処罰の対象となるのはあくまでも会社役員などの個人である。「会社ぐるみの犯罪」で会社役員が訴追され、有罪となれば、会社もやはり批判の対象になるであらう。行政罰があれば会社に罰金が課せられることもある。逆に、役員が無罪となつた場合を考へると、「会社ぐるみの犯罪」であることは認定されたが、当該役員は無罪である場合と、「会社ぐるみの犯罪」ではないから当該役員は無罪である場合とありうる。前者の場合はともかく、後者の場合は、会社は無罪といつて差し支へないのではないか。

パル判決は、後者にあたるのではないか。侵略戦争については、日本が無罪であるといふことである。

パル判決は、日本無罪論ではないとする論者の多くは、パル判決書の中に、日本の国家としての行動を非難してゐる箇所があるではないか、したがつて日本無罪論ではないと主張してゐるやうに思はれる。その代表は、講談社学術文庫『パル判決書』に解説文を書いてゐる角田順氏である。

　角田氏は、パル判決書の中からいくつか引用して日本無罪論ではないことを強調してゐるが、その中には、小林よしのり氏が強調してゐるやうに、仮にこのやうなことがあつたとしても、といふ仮定文であつて、仮定文の中身を真実であると認めたわけではない部分と、弁護側が時間的制約その他の理由によつて反論しなかつたためにパル判事は、それを前提に議論を進めたものが多いのであつて[6]、私は、パル判決は全体として、日本が無罪であると主張してゐるとしか読めない。

　無罪は有罪ではない、すなはち有罪と認定するに足る証拠がないといふことであり、個人や国家のすべての行動に何の問題もなかつたといふことを意味しないことは当然である。

　そこで、無罪だといつても、刑事上無罪であるといふ意味で道義的に無罪であるといふ意味ではない、といふ主張もよくなされる。しかしこれは当然のことであつて、日本の行動、あるいは特定の人物、たとへば東条英機の行動について道義的に問題があると別に述べればよいのであつて、当然のことを強調するのは奇妙である。

次に、パル判決の論理構成に関して、「パールを援用した自称保守派の東京裁判批判は、全面的に法実証主義に依拠している」とか、「法実証主義が果たして本来保守派が立つべき立場なのか」とか、「法律文を金科玉条とする」といった批判がある。[7]

私は保守主義者ではないので、なぜパル判事が法実証主義に依拠してはいけないのかわからないし、そもそもパル判事が本当にパル判決を書くについて全面的に法実証主義に依拠してゐるのか、疑問である。法実証主義が法律文を金科玉条としてゐるといふのは少なくともいひ過ぎであらう。ごく常識的な法実証主義とは、法解釈にあたつて、方法二元論に立つて、存在と当為、事実と規範とを分けて、判断することをいふことであると理解してゐるので、これは現代の法解釈において多かれ少なかれとらざるを得ないのではないか。ただ、極端な法実証主義はそれこそ法律文を金科玉条とすることになりかねないといふだけのことではないだらうか。

そもそも、国際法は、条約その他の法文もあるが、慣習法が重要な法源であり、パル判事もそれを強調してゐるので、法律文を金科玉条とすることなど不可能である。ここで西部、中島両氏が強調してゐるのは、平和に対する罪など、事後法の禁止に反するといふ趣旨をパル判事が述べてゐるのを指すのかと思はれるが、パル判事はそれこそ平和に対する罪が犯罪ではないことを様々な条約や学説、事件などを引いて論証してゐるのであり、とても単なる法律文だけを根拠としてゐるのではない。

次にケルゼンについて、パル判事が主としてケルゼンの学説に依拠してゐるといはんばかりの主張にも同意できない。なほケルゼンは今日の国際共同体が世界連邦に進むのは不可能であるといつてゐる。[8]

要するに、パル判事は、ケルゼンの学説をかなり理解し、必要な部分は取り入れてゐるが、パル判決はそれのみに依拠してゐるわけではなく、パル判決をそれ自体として判断する必要がある。この意味で、「ケルゼンは関係なく、法実証主義も問題ではない」[9]のである。

唐突かもしれないが、私は東京高裁の判決を引用したい。これはオランダ人捕虜などが日本政府に対して損害賠償を請求した事件の高裁判決である。[10]

本件で問題になっている所謂第二次世界大戦は最大の悲劇的な戦争であった。この戦争は我が国にとっては完全に孤立無援の戦いであった。（当時同盟国であったドイツはユダヤ人の迫害などという究極の人種差別を推し進める国であり我が国とは全く異る戦争をしていたということができる。）我が国及びその国民は所謂ＡＢＣＤ包囲網による殆ど全ての重要資源の供給を停止される中、見通しの立たない戦争にその存立を賭けることになった。そして日本国民は欧米の強国による植民地支配を受けてきた一部のアジアの民衆にのみ精神的な連帯感を覚えたのである。しかしやがて我が国の劣勢が明らかになると我が国はそれらの人々からも見放されて一九四五年の敗戦を迎える。このような厳しい動乱を経て我が国及びその国民は自分の存立を確立するために、……努力を重ねた。……二十一世紀の初頭である現在では我が国及びその国民は国際社会の中で遥かに平等な取扱いを受けられるようになったのである。

現在のような民主的国家同士の間でほとんど戦争が起らなくなってくると戦争をそれによって生ずる被害の側面からのみ観察する傾向が生じる。しかしこれまでの歴史において、戦争が、人類の文化や社会が現在の形をとるに当たって、最大の影響力を有してきた事実を否定することはできない。

もちろん戦争を肯定するものではないが戦争は余りにも大きな光と陰を持つ人類最大の社会現象である。そしてこれを規制することは人類の英知を結集しても容易ではない。人類は今なお戦争を根絶することができないでいる。……現在の世界では、……国際紛争の解決手段として、戦争に訴える事は制限されている。

（中略）

国際社会で通用力のある法となるということの意義はこのような点にあるのであって、それらを抜きにして損害ある所に救済があるということはできない。……国家間においてのみ損害賠償請求権を認めることによってこそ賠償の問題は被害者間に公平に、また戦後世界の実情に即して適正に解決することができるというべきである。

（中略）

当時の内閣総理大臣吉田茂は……サンフランシスコ講和条約の全体会議における受諾演説の中で「ここに提示された平和条約は懲罰的な条項や報復的な条項を含まず我が国民に恒久的な制限を課することなく日本に安全な主権と平等と自由とを回復し日本を自由且つ平等な一員として国際社会へ迎えるものであります。我が国はこの条約によって全領土の四五％をその資源と共に喪失するのであります。

八四〇〇万人に及ぶ日本の人口は残りの地域に閉じ込められしかもその地域は戦争の為に荒廃し主要都市は焼失しました。又この平和条約は莫大な在外資産を日本から取り去ります。条約一四条によれば戦争のために何らの損害も受けなかった国までが日本の個人財産を接収する権利を与えられます。かくのごとくにして、なお他の連合国に負担を生ぜしめないで特定の連合国に賠償を支払うことができるかどうかはなはだ懸念を持つものであります。

しかし日本は既に条約を受諾した以上は誠意を持ってこれが義務を履行せんとする決意であります。」と述べた。

我が国が上記のとおり、前例のない過酷ともいえる条件を受入れ、誠実に履行を果したのは、……主権国家として、国際社会復帰して、連合国と友好関係に入るためだった。

このように連合国国民の個人としての請求権を含めて、一切の請求権が放棄されたのは我が国が敗戦により海外の領土の没収だけではなく、連合国内のみならず中国・台湾・朝鮮等にあった一般国民の在外資産まで接収され、さらに中立国にあった日本国民の財産までもが賠償の原資とされるといった過酷な負担の見返りであった。また、それは、将来における日本の復興と国際社会への貢献を期待しての措置であったのである。

いみじくもアメリカ合衆国カリフォルニア州北部地区連邦裁判所は、……日本軍の捕虜となった米国兵士が強制労働の被害につき日本企業を相手取って提起した訴訟において、……「日本との平和条約は本件訴訟において原告が主張している請求のような将来の請求を無効にする限りにおいて原告の完全な補償を将来の平和と引換えたのである。歴史はこの取引が賢明であったことを証明している。純粋に経済的な意味における原告の苦難に対する完全な補償は元捕虜及び他の無数の戦争生存者に対しては拒否されたが、自由な社会及びより平和な世界における彼ら自身とその子孫の計り知れない生命の恵みと繁栄は賠償という責務に対する利払いとなっている。」旨判示した。至言というべきである。

この東京高裁の裁判官は、私の考へによれば時間を隔てて、パル判事の思想を受けついだものといへると思ふ。

注

※ 書名を付さずにただ上または下の頁数は、講談社学術文庫『パル判決書』の頁数である。

1 この論文は雑誌『正論』平成二十一年二月号に掲載されたものに若干手を入れた。

2 私の論文を含め、論文の主たるものは『別冊正論　東京裁判の呪縛を断つ』に収録されてゐる。

3 四十三名との説もある。

4 速記録（極東国際軍事裁判速記録）では漢字片仮名であるが、ここでは有斐閣『国際条約集』から引用する。

5 ここで侵略戦争といふのは英文では aggressive war といふ。aggression は、挑発を受けない攻撃、先に手を出すといつた意味であるのに、侵略といへば攻撃して領土を奪ひ取るといふ意味であり、aggression に過剰な意味を持たせることになるから、Aggressive war を侵略戦争と訳すのはただしくない、侵攻戦争といふべきである、といふ有力な見解がある（佐藤和夫『憲法九条・侵略戦争・東京裁判』再訂版九十七頁）。ここでは通例の用語に従つておく。

6 小林よしのり『パール真論』一二九頁

7 中島岳志＋西部邁『パール判決を問い直す』十五頁、三十頁、六十頁

8 ケルゼン『法と国家』鵜飼信成訳東大出版会一七四頁

9　八木秀次「法と道徳をめぐる西部・中島両氏の誤謬」『正論』十月号七十二頁

10　平成十三十月十一日判決、判例時報一七六九号六十一頁

七三一部隊に対する判決のをかしさ

私は、タイムを購読してゐる。平成十四年（二〇〇二）九月十一日号はニューヨーク世界貿易センタービルなどのテロ事件の一周年の特集号である。開いて驚いた。最初の三頁、新聞でいへば一面トップの大きな記事がテロ事件の記事ではない。五頁目からはじまるテロ事件の見出し、「この一年何がかはつたか」といふ見出しよりも大きな「黒い死」といふ見出しと、泣いてゐるやうな老人の写真などが載つてゐる。キャプションに「第二次大戦で、日本は中国を恐ろしい生物化学戦争の実験場として使つた。何年も否定しつづけてきたが、侵略者はやうやく態度を改めてきた」とある。

タイムの事実を歪曲した反日記事はしばしば目にしてゐるので、またかと思つて読んだが、当時の満洲国のハルビンに作られた七三一部隊について、平成十四年八月二十七日、東京地裁でくだされた判決[1]関連の記事であつた。その内容は、次のやうに悪意にみちてゐる。

> 七三一部隊は、中国で、人体実験をし、ペスト菌やその他の細菌類を培養してねずみやノミに移して、飛行機から大規模にばらまいた。それに感染して厖大な犠牲者が出た、その犠牲者が賠償を求めて裁判を起した。黒い死といふのは、中世のヨーロッパの黒死

病（ペスト）を指してゐる。

日本政府は今まで証拠がないとして否定してきた。何十年もたつて、普通の日本人は、こつそりと悔恨を示し、それが政府ではなく裁判所に反映したのだ。この裁判所の例として、福岡の裁判所は、三井炭坑で戦争中働かせた十五人の中国人に一人一・四万ドルの支払を命じた（日本政府は四万人の中国人を強制的に日本に連行したといふ）。去年の八月には、京都の裁判所は、十五人の強制連行された韓国人が乗つた船が爆発して沈没したことについて損害賠償を認めた。また昨年、東京地裁は、中国から奴隷労働者として連行されて働かされ、昭和二十年に北海道の山中に、天皇が降伏したことを知らないで、十三年間も逃走してゐた中国人の子どもに対して十七万ドルの賠償を認めた。かういふ裁判所の態度は、過去の事実を否定したり改変したり埋もれさせようとしてゐる保守派からの驚くべき決別である。

中学校の教科書も、今まで三十万人の市民が虐殺されたと書いてゐたのに、右翼の圧力に屈して事件と書くやうになつた。年取つた政治家たちが、占領地区の市民が日本の占領に感謝したとか、帝国陸軍兵士の性奴隷にさせられた女性たちがすすんで売春婦になつたのだといふのを聞くと、北朝鮮のやうな、ならず者制度の指導者が日本を政治的コビトと呼ぶのさへ思慮があるやうに聞える。

普通の日本人は、次第に、政府が望まなくても、何があつたのか知りたいと思ふやうになつてきた。紀伊國屋書店に行くと、少し前にはわづかしか売れなかつた日本の戦争有罪に関する本が何十册もならんでゐる。元兵士たちの告白記録が修正主義者たちの本の隣にある。明治大学の歴史専攻の一年生の調査では、つねに三分の二以上の学生が、日本は戦争の過去の償ひをあまりにしないと信じてゐる。

石井部隊のやつたことは、中国人ばかりではなく、ロシア人、イギリス人、アメリカ人などを丸太として、生きたまま凍らせたり、生きたまま燃やしたり、腹部が破裂するまで真空の部屋に入れたり、人間がどのくらい逆さまの状態で生きてゐられるかを試したり、細菌の感染の実験もして、三千から一万二千の丸太が死んだ。七三一部隊では誰も生き残らなかつた。そして、体験者と称する者の話を載せ、どうして公的にこの問題が語られないかといふ一つの理由は、自民党が長年にわたつて政権をにぎつてゐるからである。自民党は、八万の神社を代表してゐる、何百万といふ支持者のゐる強大な神道連盟に恩誼を感じてゐるからである。

この忠実な保守的な組織は、性奴隷や他の日本の侵略による犠牲者に対する補償に反対し、日本は西洋の植民地主義から隣人たちを解放するために外国で戦つたのだといひつづけてゐる。自民党議員の約半分が神道政治連盟の催しに参加したり、寄付をしたりしてゐる。

中国政府や中国人の態度について触れ、日本軍がおいてきた化学弾の処理について、その化学弾で被害を受けた中国人の裁判が来年東京で行はれる。

以上のタイムの記事の内容は、いかにも悪意をもつて書かれてゐる。しかも、当然の事実を除けば、事実関係についてもほとんど誤りである。神道政治連盟がこのやうに巨大な組織であらうか。教科書の南京事件の誤つた記述が改められたであらうか。

このやうな記事が書かれるやうになつた背景は、やはり我が国の国内事情にある。現にこの記事も署名からすると日本人である。

私の印象では、タイムに限らず、英米の雑誌新聞などの不正確な事実で日本を非難する記事は、昭和五十七年の教科書誤報事件からしばらくたつてから始つたやうに思ふ。我が国の教科書が極端に悪くなるのもこのときからである。

タイムの、平成三年十二月二日号は、真珠湾の五十周年特集であつた。真珠湾からヨーロッパ戦線に至るまで第二次大戦を概観した記事と写真の中に、無防備の上海に対する日本軍による空襲と一ヵ月以内に二十万人以上の市民を虐殺した南京大虐殺の記事と、まはりで見物しながら銃剣で突き刺してゐる写真が掲載され、南京事件で市民を刺殺してゐるといふキャプションがつけられてゐた。これはまつたく中国側の宣伝写真であり、二十万人以上の市民の虐殺もあり得ない。そこで、私はタイムの編集者に手紙を書いて、以上の事実は誤りであるから、正確に調べてもらひたいと抗議した。返事を期待してゐなかつたが、一ヵ月ほどしてから返事がきた。我々は、記事の内容を、もつとも権威のある書籍などで、きはめて注意してチェックしてゐる。その一つは、トータル・ウォー[2]である。我々は記事の正確さには非常に自信を持つてゐる、と書いてあつた。居直つたなと思つたが、アマゾンで本を取り寄せてみた。二冊で、一千二百頁以上ある浩瀚な本で、出典は、東京裁判の記録のやうであつた。

要するに、日本側が事実を反論せず、事なかれ主義で謝罪しつづけることによつて、ますますこのやうな記事が増えるばかりではなく、我が国の内部に誤つた事実を正しいと信じるものが増えてきてゐる。恐るべきことは裁判官にもそのやうな考へ方をするものが増えてきてゐることである。今回の　判決もその一つである。

判決の内容を見てみよう。

中国人百八十人が国に対して、七三一部隊による細菌戦による被害および戦後それを隠蔽し、救済措置を怠つたことについて謝罪と各一千万円の損害賠償を求めた。

その根拠は、ヘーグ陸戦条約三条ないしこれを内容とする国際慣習法、法例十一条一項を媒介とする中国法、日本民法、条理、立法不作意、隠蔽行為などに基く損害賠償請求権などである。ヘーグ陸戦条約三条は、このやう訴訟でいつも使はれる国際条約の条文であり[3]、他は、中国人が我が国相手の訴訟でいつも法的根拠としてあげるものである。

裁判所は、七三一部隊による細菌戦の内容について事実認定をする前に、条約の解釈方法、ヘーグ陸戦条約三条の解釈などについて、原告等があげてゐる各国の事例、この条約の制定過程での議論などを、たぶん被告国のあげた証拠をもとに詳細に分析して、「3条の規定は被害者個人の損害賠償請求権を認めていないのであるから、結局、この点に関する原告らの主張は理由がない」と判断した。

その他の立法不作為によるものを除いた争点について、詳細な分析をしてすべて原告等の請求を認められないとした。文体にも節度があり、妥当な判断である。

ところが、立法不作為について、次のやうな問題のある判断をしてゐる。

原告等の主張は、国会や内閣が細菌戦被害者に対する救済措置立法を怠つてきたことが違法な不作意に当るとするものであるが、裁判所は一般的にはそのやうな立法の不作為は認められないといふ。立法の不作為が認められるのは、憲法の一義的な文言に反してゐるにもかかはらず、国会があへて一義的な文言に反した立法を行ひ、または立法しなかつた場合に限られるといふ。そこで、細菌戦被害者の救済措置をとらなかつたのがこれに当るかどうか検討するとして、細菌戦の事実の有無について判断してゐるのである。

被告国は、この訴訟において、国際法上の理論については詳細な反論や意見を述べてゐるのに、細菌戦については何の反論も反証も提出しなかつた。判決は次のやうにいつてゐる。

この点については原告らが立証活動をしたのみで、被告は全く何の立証（反証）もしなかったので、本件において事実を認定するにはその点の制約ないし問題がある。また、本件の事実関係は、多方面に亘る複雑な歴史的事実に係るものであり、歴史の審判に耐え得る詳細な事実の確定は、最終的には、無制限の資料に基づく歴史学、医学、疫学、文化人類学等の関係諸科学による学問的な考察と議論に待つほかない。しかし、そのような制約ないし問題があることを認識しつつ、当裁判所としては本件の各証拠を検討すれば、少なくとも次のような事実は存在したと認定することができると考える。

これは無謀であるなどといふどころではない。その結果、実に詳細な事実認定がなされてゐるのである。どこの村に、日本軍機がペスト感染ノミを空中から散布し、この時の死者は一千五百一人にのぼるとか、それが周辺のなんとか村に感染し、その村の死者は三百九人にのぼるとか、さらにそれが伝播し、なんとか村では四十人以上であるとか、さらにどこそこに伝播してなんとか村では死者の合計が三百九十六人になる。

また、別の日本軍機のノミの散布により、死者何人、それによる別の村への感染の可能性が高い。どこそこにペストがひろがり、その死者は七千六百四十三人にのぼる。

日本軍はどこそこを占領し、撤退する時、コレラ菌を井戸に入れたり、餅や果物に附着させたりした細菌戦を実行して何人の死亡者が出たなど認定してゐる。合計すると一万百七十二人以上といふことになる。

そして原告等がその犠牲者であることも「原告らの各陳述書及び本人尋問における各供述

自体は十分了解し得る説得的なものである」と判断してゐる。

そしてこの日本軍の行つた細菌戦は国際法上違法であることは明らかであるとし、国家責任がある。しかし、その国家責任は日中共同声明と日中平和友好条約によつて決着がついてゐる。したがつて、原告等がいふやうな、国会には、それらを前提して被害者に対して被害の増大をもたらさないやう配慮すべき条理上の作為義務が課せられてゐると主張するが、そのやうな作為義務は認められない。

これがタイムの取上げた東京地裁の判決の概略である。外国人個人が日本国に対して戦争責任を求めることは、ヘーグ陸戦条約でもその他の国際法でも認められないのであるから、犠牲者の有無を考へるまでもなく、原告等の請求は認められないのである。ただ、国会の不作為責任を問題にする場合には、個別的な事情を判断しなければならないとして、以上の事実を述べる体裁をとつてゐるのである。これは悪い意味ではなはだ巧妙な論理構成である。しかし、法的な、国会の立法責任を問題にする場合、ここまで事実認定をする必要はないし、これだけ詳細な事実認定をするのであれば、むしろ国の立法責任を認めるはうが論理的である。判決は国に立法責任がないといふのであるから、七三一部隊に関していふならば、この部隊が存在したこと、国際法上違法な戦術を用ゐたことがあつたとしても、憲法その他の法律に一義的に違反して国会が立法しなかつたかどうか判断すれば足りるからである。

どうしても詳細な事実認定をしたいならば、細菌戦の詳細な証拠調を、原告側申請ばかりではなく、反対意見を述べるものを含めて行ふべきであるが、被告の国がなにもやらうとしないのに、それは無理であるし、そもそも裁判所の性格上不可能である。

この点で、産経新聞は、平成十四年九月五日の社説で、「歴史の事実認定は慎重に」とのタイトルで、この事実認定を批判してゐるのは正しい。この社説が引用してゐる『世界戦争犯罪事典』[4]では、「中国の研究者は犠牲者として二七万人という数を挙げているが、これも一種の情報戦だろう。なお、筆者は、犠牲者は多くて一〇〇〇〇人程度と考えている」とある。

私はこのやうな判決の中で、最悪なものは、南京事件や七三一部隊などの被害者と称する者がやはり国に対して損害賠償を求めて裁判を起した事件（中国人被害者損害賠償事件）であると思つてゐる。

七三一部隊の判決は、右中国人被害者損害賠償事件判決よりは、文体において洗練されてゐるが、同じ系列に属するものである。しかも具体的事例を扱ひ詳細に事実認定してゐる点で、教科書採用などにもつと影響力を発揮するかも知れない。現に朝日新聞は判決翌日の朝刊で、一面と社会面とを使つて大々的に報道し、「細菌戦の存在認定」と喜びを押さへきれないかのやうに報道してゐる。

国会の立法責任についていへば、いはゆる従軍慰安婦について、河野洋平（当時）内閣官房長官談話によつて、国にそのやうな慰安婦救済についての立法責任を認めた、関釜元慰安婦事件の山口地裁下関支部の判決がある。今まで述べてきた判例の悪い傾向が行き着くところへいけばこの判決になるであらう。

平成七年版の『現代用語の基礎知識』といふ事典の、南京大虐殺の項に、犠牲者は中国側の見解によれば百万人、少なめにみても、二、三十万人であると記載されたことがある。これはをかしくはないかと聞かれた編者の東大の歴史学の教授は、中国の文献に書いてあつたからだと述べたさうだが、一方、専門の学者には三十万人説をとる学者は一人もゐないとのことであるから、この歴史学の東大教授は中国の宣伝文書の主張に迎合したのである。

同様に、七三一部隊判決が、専門の学者ですらおほくて千人であるといつてゐる細菌戦の犠牲者を一万人以上であるのは確実だと判断したのは、中国の宣伝文書に迎合したのだとはいへなくても、その主張に乗つたことになる。この裁判には、何人かの大学教授などの学者も原告側の証人として証言してゐる。私は、これらの学者の証言をチェックすることはできなかつたが、判決が、証言内容とは別の判断をしたとは考へられないので、おそらく判決と同様の証言であつただらうと推測できる。この判決の影響は大きいといはなければならない。産経新聞の社説も指摘するやうに、この判決によつて、タイムもそれに便乗し、教科書にも裁判所が認めてゐるとして書かれる可能性が高い。

問題は国に賠償責任を認めるといふ結論なのではない。この点はいくつか国に責任を認める判決があつたとしても結局控訴審で否定されてゐるので、まだそれほど心配すべきことではない。しかし、内容については今まで述べてきたやうに、問題があり過ぎ、それらは十二分に利用されてゐる。

おびただしいいはゆる戦後補償を求める裁判が係属し、また将来も係属する可能性が高い。このやうな裁判の傾向に歯止めをかけるには、被告国が裁判上の技術的な観点から、単に国際法上の義務がないとの点を主張するばかりではなく、南京事件とか細菌戦とか、慰安婦といつたそれぞれの問題となつてゐる事案について、専門家に依頼して答弁し、反論や反証することが必要である。

しかし、現在の政府自体のことなかれ主義や担当検事や弁護士の態度からはたうてい期待できない。やはり、われわれが草の根の運動として辛抱強く反論していかなければならないと思つてゐる。

この判決は東京高裁で平成十七年五月二十日控訴棄却された。原告団は、事実認定に触れずに法律論だけで棄却されたのであるから、事実については高裁も認めたのであるとのコメントをしてゐる。このコメントはをかしいが、このやうに一審判決が利用されてゐる。

注

1　判例には登載されてをらず、データベース「判例秘書」にある。判例番号L05732017

2　Peter Calvocoressi, Guy Wint and John Pritcherd, The Total War: *The Causes and Courses of The Second World War*(New York, Pantheon Books, Revised 2nd ed. 1989) その後、日本語の飜訳があることを知つた。平成三年十月三十日河出書房新社『トータル・ウォー』上下二巻。

3　ヘーグ陸戦条約第三条 前記規則（ヘーグ陸戦規則）ノ条項ニ違反シタル交戦当事者ハ、損害アルトキハ、之カ賠償ノ責ヲ負フヘキモノトス。交戦当事者ハ、其ノ軍隊ヲ組成スル人員ノ一切ノ行為ニ付責任ヲ負フ。

4　平成十四年文藝春秋社発行。

5　五十嵐武士・北岡伸一編『争論・東京裁判とは何だったのか』平成九年築地書館二三四頁。

第三部

郵便袋事件の顛末

曖昧な虐殺数

朝日新聞が、平成二十七年八月に、いはゆる吉田証言に関する記事を全面的に取り消したことから、日本軍や戦前の日本政府のやつたことについて、今まで横行してゐた捏造の作り話が見直されてきました。このやうな作り話の一つが郵便袋事件です。これはいはゆる「南京事件」にかかはるものです。

「南京事件」は「南京大虐殺」ともいはれ、昭和十二年（一九三七年）十二月十三日、当時の中国の首都南京を占領した日本軍が、占領後南京城内において、約一カ月の間に、約三十万人の一般市民を虐殺したといはれる事件です。虐殺ばかりではなく、強姦、略奪、放火等の残虐行為を行なつたといふものです。

我が国の虐殺派の学者は、二十万人だといつてゐます。ある虐殺派の本には、日本には二十万人以上だといふ者はゐないと書いてあるのを見てびつくりしたことがあります。私はなんとなく、虐殺派は中国の言ふことになんでも従つてゐると思つてゐたからです。しかも、南京城外での「虐殺」も含めてゐます。それなら、中国では、五十万人だと人数を増やしてゐるのに、彼らはなぜ、三十万人ではないと言はないのでせうか。そこは曖昧にしてをります。実際にはなかつた「南京大虐殺」は、戦前の欧米においては、プロパガンダとしてごく一部の雑誌新聞に取り上げられただけで、しかもその数は数万人でした。

それが、戦後、南京軍事法廷と東京裁判（極東軍事裁判）において、突如取り上げられ、新聞でも報道され、国民も初めて聞く話としてびつくりしたのです。東京裁判の判決では、南京大虐殺の犠牲者は十万人以上といふ個所と二十万人といふ個所と異なつた数字があげられてをり、判決の杜撰さを示すものとなつてをります。

朝日新聞が火付け役

元々、「南京事件」そのものが中国側のプロパガンダによるものですから、東京裁判終了後、いつしか国民の頭から消えて行きました。

ところが、昭和四十六年八月から十二月にかけて、朝日新聞は、夕刊紙上において、本多勝一同紙記者が、「中国の旅」といふ記事を連載しました。これは中国の旅行記ではありません。本多記者は、当時文化大革命の真つ最中の中国に招待され、支那事変における日本軍の残虐行為を中国側の説明のまま、手を変へ品を変へて書いたものです。そこに「南京大虐殺」が登場したのです。「中国の旅」は、その後単行本となり、さらに文庫本となつて何十万部も売れたのです。本多記者は、続編『南京への道』も出してゐます。「南京事件」が蒸し返されると、中国や日本で日本軍による残虐行為についての多くの本が出版されることになります。その中には、自分は南京戦に従軍したが、自分の目の前で多くの残虐行為が行はれたといふやうな本も含まれてゐました。もちろん、自分も従軍したけれど、そんなものはみたことはないといふ体験記も多く書かれましたが、風潮でせう、残虐行為の物語の方が圧倒的に多かつたと思ひます。

でたらめな「東日記」

そんな物語の中に、共産党の機関紙「赤旗」に、昭和六十二年に連載されたものがあります。それは、「東日記」といはれ、南京占領の一番乗りを果した部隊の一つである福知山二十連隊の兵士であつた東史郎といふ人の日記と称する記録です。当時「赤旗」の報道部長であつた下里正樹といふ人が発見発掘したといふものです。「東日記」は、下里氏の著書として『隠された連隊史』、東氏の著書『わが南京プラトーン』、さらには下里氏らが編集した『南京事件京都師団関係資料集』といふ三種類の単行本となりました（いづれも青木書店）。

「東日記」は、東氏が、従軍当時手帳を持ち歩いてその場で書いた記録であるとのことで、『南京事件京都師団関係資料集』には大量の手帳の写真まで掲載されてゐます。

これらの本の発行後、東氏の講演やインタービューが新聞に載るにつれて、二十連隊の戦友達やその他の旧軍の兵士達の知るところになり、内容が余りにでたらめなために、大きな反響を呼びました。戦友達は、記事をのせた新聞社に抗議したり、反論記事を投稿したりしましたが、ほとんどが無視されました。老齢でもあり、大きな組織もないのに、戦友達はあちこち走り回ったのです。非常な努力の末やっと反論が載せられたこともありましたが、その間、東氏は集会やテレビにその何十倍も好んで取り上げられることになりました。でたらめな例としてつぎのやうなものがあります。

福知山連隊の南京滞在が終了し、昭和十三年一月二十三日、揚子江を船に乗つて引き上げるときの描写です。

夜が明けると、私たちの眼前に凄惨な光景が展開した。岩壁に牛や豚のように虐殺され放り込まれた敵兵の死体―私たちが今日まで、常に見かけた特有のドス黒い色の死体、はち切れるほど空気を入れたかと思われるほどの、膨張しきってふくれ上がった黒い死体が、揚子江のなぎさに山となって転がっている。

全くよく肥えた豚のような死体だ。この汚い黒い死体の上を、黄色い河水がひたひたと洗っている。ある死体は流された丸太棒のように水にゆられている。ある死体は連絡船の下敷になっている。兵士たちは、踏めばぐしゃりと腐った泥の臭いのする臓物の出て来そうな、はれあがった死体の上を、飛石でもあるかのように、鉄の鋲を打った堅い靴で、ポンポンポンと飛んで、連絡船に乗る。

日本軍の南京占領後一カ月以上経つて、治安が回復し、占領部隊の多くが引き上げる時に、揚子江が死体であふれてゐたなどといふことがあらうはずがありませんし、当時の新聞記者などの記録にもありません。さらに、仮に死体があつたとしても、河に浮いてゐる死体の上を、重い荷物を背負つた兵士が、「鉄の鋲を打った堅い靴で、ポンポンポンと飛んで、連絡船に乗る」などといふことが可能であるとは思へないことは明らかです。

でたらめな話の一つに、「郵便袋事件」があります。これを引用すると長くなりますので、要約すると、東氏を含む数人の兵士が南京の中心街を歩いてゐたところ、中国人に出会つた。すると、数人の内の一人が、分隊長で、その分隊長がその中国人を郵便袋に入れ、ガソリンをかけ火をつけ、その後、手榴弾三発を結はへつけて沼に放り込み、手榴弾を沼の中で爆発させて、その中国人を殺したといふのです。

南京を引き上げる時の文章の引用でもおわかりのやうに、「東日記」は、いかにも芝居がかつた稚拙な文章で、「郵便袋事件」を描いてをり、とても事実でないことは明らかであると思ひます。東氏は、戦後、流行作家になりたくて投稿してゐたとのことで、さもありなんと思はれます。

ところが、これを当時の記録だと信じ込んでゐる者の目からは真実であると思つたらしく、評論家の寿岳章子といふ人など、『わが南京プラトーン』の末尾で、「真実を見つめて」といふ題で推薦文を書いてゐます。「これが侵略戦争の実態だ、戦争さえしなければ良き市民である男たちが、一旦間違ってしまうとこうなってしまうのだということは、…私たちは肝に銘じておかなければならぬ。隠蔽からは何も生まれない。真実を知ることからこそ未来への展望がある。」などと書いてゐるのです。

もつとも、いまやまつたくの創作話とされた従軍慰安婦強制連行の「吉田証言」についても、朝日新聞ばかりではなく、多くの評論家や学者が真実であるとほめたたへたのです。たとへば、

飯沼（二郎）　吉田清治という人が書いた『朝鮮人慰安婦と日本人』（略）という本はすばらしいですね。この人は、・・・朝鮮人を強制連行する責任者だったのです。

鶴見（俊輔）　あの、独力で韓国に強制連行の謝罪碑を建てた人でしょう。・・・謝罪碑を建てたっていうのは偉いですね。

などといふ評論家もゐたのである（春秋社『架橋―私にとっての朝鮮』昭和五十九年）。

訴訟係属後のことですが、筑紫哲哉のニュース23でも二回以上は取り上げられました。「鉄の鋲を打った堅い靴で、ポンポンポンと飛んで、連絡船に乗る」など、そのまま読み上げられました。私は内容証明郵便で抗議しましたが、取り上げられませんでした。この話や本も「南京大虐殺」の証拠の一つとされたのです。

勝訴判決、虐殺はなかった

「良き市民」である、この分隊長は、今は百歳近いですがお元気で、平成初めには当然お元気で、もちろん東氏が書いたやうなことはしてをらず、そもそも場所や兵士の役割、また物理的に当時このやうなことができる状況などあり得ないのです。スーパーマンでもない分隊長が、人間が入つて、火のついてゐる郵便袋を沼に放り込むなどといふことができるわけもありません。「東日記」で特定してゐる場所は、当時日本軍の司令部だつた場所です。そこを占領直後の司令部前を、兵士たちが遊び半分で歩き回るなどといふことはあり得ないのです。

私は、分隊長の代理人としてこの著者と出版社を相手に、訴訟を起しました。

平成五年四月十四日、訴状提出。同年五月二十八日第一回から、全部で二十回の口頭弁論を経て、平成八年二月二日弁論終結、四月二十六日やつと勝訴判決を得ることができました。

平成八年五月には、控訴され、東京高等裁判所において、同年九月二十六日の第一回から、控訴審として異例の長さの全部で十三回の口頭弁論を経て、平成十年九月八日弁論終結、十二月二十二日、控訴棄却の判決を得ました。その後、上告されましたが、平成十二年一月二十一日上告棄却となり、最終決着となつたのです。

ところが、この著者は、この裁判のおかげか、中国では非常に有名な人物となつたさうです。南京大虐殺紀念館には裁判前にはなかつたこの著者の写真が飾られてゐます。

これが「郵便袋事件」の顛末です。

この事件については一審判決も二審判決も判例集に搭載されてゐます。

一審　判例時報一五八二号六十六頁。

二審　判例時報一七〇六号二十二頁。

展転社裁判の顛末

多くの矛盾や疑問点のある証言

「郵便袋事件」の顛末で、述べた『中国の旅』ですが、同書や本多氏のその後の本で有名になつた人が何人も登場します。

妊娠してゐた十九歳の女性が侵入してきた日本兵に銃剣でメッタ刺しにされて流産し、生き残つたといふ、李秀英といふ女性。それから、日本軍の二人の少尉による百人斬りが出てきます。

七歳のころ、家に日本軍が押し入り、四歳の妹と二人を除く七人の家族が強姦され残虐な方法で全員殺されたといふ、夏淑琴といふ女性。これは『南京への道』に登場します。

十九歳と七歳の女性は、「南京大虐殺」の「幸存者」として有名になり、インタビューやその他いろいろな文献に登場します。

李秀英は、日本政府相手にいはゆる戦後補償を求めた裁判の原告の一人となつて、東京地裁で証言したこともあります。

しかし、李秀英や夏淑琴の「証言」には多くの矛盾や疑問点があり、学者や民間の研究者がその「証言」を分析し、その「証言」に疑問点が多いと指摘しました。民間の研究者や学者の本は展転社から発行されました。彼女らは、その「証言」の多くの矛盾や疑問点を指摘することが、彼女らに対する名誉毀損になると主張しました。なぜならば、自分たちは「南京大虐殺」の生き証人として国際的に有名だ、それに疑問をはさむのは、偽物で、嘘つきだと非難することになるといふのです。

納得のゆかない判決

李秀英は、平成十一年九月十一日、今度は民間の研究者と出版社（展転社）だけを相手に東京地方裁判所に訴訟を起したのです。平成十一年十二月十七日から平成十三年十二月二十一日まで十一回の口頭弁論を経て、平成十四年五月十日、判決でしたが、敗訴でした。そこで、私は、平成十四年五月二十日控訴しました。同年十二月五日と平成十五年二月四日のたつた二回の口頭弁論で、四月十日、控訴棄却の判決でした。

そこで、四月十六日、上告しましたが、一度も弁論が開かれることなく、平成十七年一月二十日、上告が棄却されました。

この判決は、私にとつて、もつとも納得のできない判決の一つです。李秀英があちこちで言つたり、新聞報道などで彼女の言つたこととされる内容を分析しただけであり、個人的な人格非難的な叙述は一切ありません。それなのに、なぜ名誉毀損となるのか、今でもまつたく納得できません。

日本を亡ぼす裁判官

夏淑琴については、私の考へで、学者の著書が名誉毀損ではないといふ理由で、平成十七年一月二十八日、こちらから東京地方裁判所に債務不存在確認訴訟の裁判を起しました。のちに、損害賠償請求の反訴が出され、実質的にそちらが審理されました。

この裁判は、送達とか、反訴とかいろいろの手続で時間がかかり、平成十七年十一月二十五日から、平成十九年七月二十七日まで十回口頭弁論が開かれ、十一月二日、判決でしたが、敗訴でした。

これも前の裁判と同じで、こちらは学者の著書ですから、前の裁判以上にをかしな判決です。今でも残念でなりません。後で知つたのですが、この時の裁判長は、週刊新潮平成十四年十二月二十六日号でもとりあげられ、作家の門田隆将さんの『裁判官が日本を滅ぼす』といふ本の中で、「コンピューター裁判官」と書かれてゐる日本を滅ぼす裁判官の一人でした。この裁判長は、東京や千葉で労働事件を担当してをり、私は、別の労働事件で二回も担当でした。訴訟指揮などは女性ながらてきぱきとしてゐて良かつたのですが、エリート臭の強い押し付け気味のある裁判官でした。彼女は、最初から結論を出して訴訟を進行させて行つたとしか思はれません。

一月十六日控訴し、平成二十年三月十七日、一回だけの口頭弁論で、五月二十一日、控訴棄却、六月三日、上告、平成二十一年二月五日、上告棄却の決定でした。

私ががつかりしたのは、高裁です。まつたくおざなりで、真剣に審理したとは思はれません。最近の高裁は、もちろん例外はありますが、一審の結論優先で、おざなりなものが多いのです。このことは、私だけの印象ではなくて、友人の弁護士もこのやうに言つてをります。

三十名の弁護士が賛同

そこで、次は、百人斬り訴訟です。

当初は、私は弁護士として一人か二人で始めた(受けた)訴訟でしたが、徐々に賛同者が増え、中国人女性や百人斬り裁判では、約三十名の弁護士が名前を貸して応援してくれました。

特に百人斬り裁判は、稲田朋美現衆議院議員が主任弁護士として師子奮迅の活躍をしてくれました。その記録は、同氏の著書、文春新書『百人斬り裁判から南京へ』に詳しく書かれてゐます。この裁判については本書一三二頁以下で述べてゐます。

私が、李秀英との裁判をやつてゐるころ、平成十五年(二〇〇三年)、夏淑琴は、同じく名誉毀損を理由として、民間研究者と出版社である展転社を中国の南京の裁判所に訴へました。

この事件については本書二十二頁以下で述べました。

政治闘争としての裁判

裁判

広い意味で裁判は、対立する当事者の紛争を第三者が判断すること、またはその仕組み全体をいふ。判断の基準は、正義、真実等である。現代では、裁判官が判断し、その基準は法である。法は、正義を体現したものとされてゐるからである。裁判官が属する組織を裁判所といふ。現代の我が国では、裁判は民事裁判と刑事裁判がある。大日本帝国憲法のもとでは、行政事件は、行政裁判所の管轄とされ、司法権には属さないとされてゐたが、現行憲法では、行政事件も民事事件の一種として司法権に属するものとされた。

裁判官が裁判する対象は、対立する当事者の紛争であるが、紛争は具体的なものでなければならない。刑事事件であれば、或る行為が犯罪に該当するかどうか、国を代表する検察官と被告人の代理人である弁護人とが争つて裁判官が判断する。民事事件についても、具体的な紛争があつて、その紛争は、法律上の権利として構成されるもので、その権利を守るために原告と被告とが別れて自分の主張を述べ、裁判官が判断する。この判断の際に法を適用する。

裁判官は、法に従つて裁判する。法には、書かれた法である成文法、慣習法、判例法、条理、法の一般原則などの不文法がある。成文法の中には、憲法、法律、政令、省令、規則、条例などがある。裁判官が行なふ裁判について、重要性の程度から判決、命令、決定の三種類がある。裁判は、法の解釈が伴ふので簡単ではない。

裁判に限らず、国家の行為が法律に基いてなされなければならないとされる国家を法治国家といふ。形式的には、裁判も法律に従へさへすればよいとするもので、悪法も法であるとする考へ方である。法治国家の考へ方はドイツやフランスの大陸法国家で発達した。これに対して、「法の支配」といふ考へ方がある。これは英米法国家で発達した。この場合の法は法律ではなく、根本的かつ基本的な法である。俗な言ひ方をすれば正しい法である。「法の支配」の考へ方からすれば法律さへも高次の法によつて否定されることがある。しかし、法治国家の考へ方の基本にある法律も、悪法は否定されるべきであり、正しい法律でなければならないとする考へ方が現在では通説であり、さうすると法の支配と結局は同じ意味になる。

司法権の独立

法治国家においても法の支配の原理においても重要なことは司法権の独立、さらに裁判官の独立が認められてゐるかどうかである。我が国においては、司法権の独立も裁判官の独立も厳然として認められてきた。明治憲法の五十七条は、「司法権は天皇の名に於て法律に依り裁判所之を行ふ」とし（漢字は略字にし、片仮名を平仮名に改めた。以下同じ。）、法治国家の原則と司法権の独立を定め、五十八条二項で、「裁判官は刑法の宣告又は懲戒の処分に由るの外其の職を免ぜらるゝことなし」として裁判官の独立を定めてゐる。司法権の独立や裁判官の独立については、有名な伊藤博文の憲法義解にも書かれてゐるが、明治四十三年に出版された穂積八束の憲法の教科書『憲法提要』には、「司法権の独立は立憲の大義である。人民の権利の安全は憲法にこの大義があるからである。……昔は、政府が立法し裁判を行った。このやうなことをすれば政府はしばしば公正を失ふことになつた。自分で法律を作りそれを施行すれば便宜なやうであるけれども、歴史の示すところを見ればその実全く相反する。濫用することになる。……司法権独立の意義は行政権の干渉を受けないためである。したがつて、裁判官の独立は、政治的勢力に対抗するためだけではなく、社会的勢力に対抗して公正な職務を執行するためである。憲法は人民の権利を尊重するために裁判官の職を独立案固にしたのである。」とある（下巻九二〇頁、片仮名文語文を要約して現代文にした）。

明治憲法に批判的な学者も、司法権の独立については比較的守られたと評価してゐる。明治二十四年（一八九一年）の大津事件が有名である。これは明治憲法施行後わづか半年後のことである。余り知られてゐないが、衆議院選挙（翼賛選挙）無効事件がある（昭和二十年三月一日大審院判決）。これは、昭和十七年四月三十日施行の衆議院選挙（東条内閣主導の翼賛選挙）の鹿児島選挙区での選挙を無効とするもので、やりなほし選挙が行なはれた。

現行憲法では、司法権の独立も裁判官の独立も規定されてゐる（七十六条七十八条）。私の学生時代には教科書に必ず登場した司法権の独立と国会の国政調査権の争ひとして有名なものに浦和充子事件がある。夫が全財産を処分して博徒になつた。その妻は、幼児三名を抱へて苦労し、絶望のあまり、三名を殺し、自分も自殺しようとしたが、死に切れず、自首した。浦和地裁は、情状を考慮して懲役三年執行猶予三年の判決を下した。ところが、参議院の法務委員会が、国政調査権に基いてこの事件をとりあげ、被告人その他の者を証人として呼び出して調査し、判決は、封建的思想に固着して人命尊重の理想を忘れたもので、量刑が軽すぎるとの決議した（昭和二十四年三月三十日）。最高裁はこれに対して、個々の具体的事件の事実認定や量刑を批判するのは司法権の独立を侵害すると批判した。さらに法務委員長は、決議は司法権の独立を侵害するものではないし、最高裁が訴訟外での憲法問題について意見を発表したことは越権であると反論した。このやうな事件がある。

法の独立の観点から、違憲立法審査権が一つの要素として重視されてゐる。アメリカでは、判例により確立されたが、現憲法では、八十一条で明文化されてゐる。

政治闘争としての裁判

裁判は、冒頭述べたやうに自己の権利を守るための紛争であるが、自分の権利を守る目的ではなく、または守る目的と合はせて他の政治目的の実現のために裁判を利用することが珍しくない。これが政治闘争としての裁判である。たとへば、小泉首相靖国参拝違憲訴訟がある。

これは、小泉首相が、靖国神社を参拝したことによつて、自分の静謐な宗教感情が害されたから損害賠償を払へといふもので、およそ通常の民事訴訟ではこじつけとしかいへない理由で訴訟を提起してゐる。要するに、総理大臣が靖国神社を参拝すると、靖国神社に対する信仰を強制するやうな印象を与へ、「国家神道により精神的圧迫を受けない平穏な環境の下で、宗教的活動をし、又は、無宗教者として生活することを妨げ」たといふのである。

この訴訟の本当の目的は、原告個々人の宗教的感情に対する侵害の回復ではなく、総理大臣に靖国参拝をやめさせようといふ政治目的である。さらには、靖国神社そのものを軍国主義の象徴であるとか、自衛隊の海外派兵により戦死者が出たら靖国神社に合祀することになるから、戦争を招くなどと主張してゐる。

そして、この政治目的は、裁判官の手によつて一定の効果を上げてゐるのである。すなはち、この裁判は全国各地で十件以上起され、損害賠償を認めたものは一件もないが、判決理由の中で総理大臣の靖国参拝は憲法違反であるといふ判決理由が出たものがいくつかあるからである。

平成十七年九月三十日、大阪高裁は、「小泉首相の参拝は、政治的な動機による」もので、「国内外の強い批判にもかかわらず実行、継続された三度にわたる参拝は一般人に対し国が靖国神社を特別に支援しているとの印象を与えている。特定の宗教を助長し、相当とされる限度を超えてゐるから」、憲法違反であるとした。[1] しかし、原告らの権利を侵害したとまでは認められないといふ。この件では、国は形式的には勝訴したので、控訴できず、原告らも形式的には敗訴にもかかはらず控訴しなかつたので、確定した。

また、平成十六年四月七日、福岡地裁の判決も、参拝は憲法二十条三項（憲法が禁止してゐる宗教活動）にあたる。しかし、「本件参拝によって、原告らが、不安感、不快感、圧迫感などを抱いたことは認め」られるが、賠償の対象となるやうな法的利益の侵害は認められないと判断した。[2] これも互ひに控訴せずに確定した。

この二つの判決によつて、原告らは、形式的には敗訴したものの、総理大臣の靖国参拝は憲法違反であるとの判決を得たもので、その政治目的は一部達成できたのである。

もう一つの政治的裁判の例として、衆参議員選挙の一票の格差裁判がある。これは周知のやうに、ある選挙区の定数と他の選挙区の定数と比較すると、一票の価値に数倍の格差が生じてゐるから、憲法違反であると主張する訴訟である。これは、上記の衆議院選挙（翼賛選挙）無効事件（昭和二十年三月一日大審院判決）とは異なる。大審院判決の事件は、激しい選挙妨害により、落選した候補者が選挙無効を訴へたものであるのに対し、ある選挙区の選挙民がその選挙区の選挙管理委員会を相手として、その選挙が無効であると訴へる訴訟である。

前者は、激しい選挙妨害により、落選した候補者が自分の権利を守るために行なふ訴訟であるが、後者は、自分の票の価値が低いのはけしからんといふ口実の下に、選挙の区割り自体の変更を求めるもので、政治闘争である。前の訴訟は現在でも問題なく認められるのに対し、後の訴訟について、当初は適法な訴訟であるかどうか若干疑問視されたことがある。しかし、昭和三十九年以来、最高裁判決だけでも二十四件を数へ、訴訟自体が違法であるとする意見はまつたく消え去つてしまつた。

憲法には、「すべて国民は法の下に平等であつて、……差別されない。」（十四条）との規定はあるが、一票の価値は平等でなければならないとする規定はない。むしろ、「両議院は、全国民を代表する選挙された議員でこれを組織する。両議院の定数は、法律でこれを定める。」（四十三条）、「両議院の議員及びその選挙人の資格は、法律でこれを定める。但し、人種、信条、性別、社会的身分、門地、教育、財産又は収入によつて差別してはならない。」（四十四条）、「選挙区、投票の方法その他両議院の議員の選挙に関する事項は、法律でこれを定める。」（四十七条）とあるだけで、ほとんどすべてを法律で定めるとされてゐるのである。したがつて、かつては、二十歳未満の者には選挙権を与へられてゐなかつた。たとへ選挙権を十八歳以上の者に与へたとしても十八歳未満の者に選挙権がないことは同じである。そこで、十八歳未満の者が選挙権を与へられないのは、平等の原則に反し、憲法違反であるから、選挙は無効であるといふ訴訟を起しても適法な訴訟とは認められないであらう。これは選挙年齢を法律で定めることを憲法が認めてゐるからである。

同じやうに、選挙区ごとに一票の価値に不平等であつたとしてもこのやうな選挙区を定めたのは、国会であり、憲法はそのやうな選挙区を認めてゐるのであるといふのが、当初の一票の価値格差是正を求める訴訟が不適法であるとする論者の主張であつた。

選挙区割などを法律で認めることを憲法が規定してゐるとしてもどんな区割りであつても適法といふことはできないといふのが適法論者の主張である。そして、最高裁は、当初から異例な訴訟であることを認めながら、ほかに是正の手段がない限り適法な訴訟として受け入れてきた。最近の最高裁においても、憲法は、投票価値の平等を要求してゐると認めながら、「投票価値の平等は、選挙制度の仕組みを決定する絶対の基準ではなく、国会が正当に考慮することのできる他の政策目的ないし理由との関連において調和的に実現されるべきものである」と述べてゐる。[3]

このやうに本来国会で決めるべき事柄について、最高裁が判断することが妥当であるかどうか問題であるが、最高裁は、ある時は合憲、ある時は違憲状態であると判決し、この傾向はすでに述べたやうに定着してしまつた。この意味で、一票格差訴訟を定着させようとする政治目的は百パーセント成功したといへる。

次の政治闘争としての裁判の例として、NHK受信料拒否の裁判がある。私はこの裁判をいくつか担当した。NHK受信料制度には大きな問題点がある。放送内容が政治的に公平でなければならないのに、偏向した番組が少なくない。そこで、番組自体を抗議してNHKに損害賠償を請求した事件と、それに抗議するために、受信料の支払を拒否し、NHKが受信料を請求して訴訟を起すといふことがある。受信料請求の不当性といふことでは個人の権利の主張であるが、偏向した番組に対する抗議といふ意味では政治的裁判である。なぜなら、NHKの変更番組に対するチェック機能が事実上ないから、訴訟によつて、なんとかNHKに圧力をかけたいと考へるからである。

前者は、平成二十一年四月五日放映されたNHKのシリーズもの番組「JAPANデビュー」の第一回「アジアの〝一等国〟」に関するものであり、この番組があまりに不当であるとして、主として日本人と台湾人合計一万〇三三五人がNHKを相手に損害賠償を求めて起した民事裁判である。

この事件では本書一二二頁以下で述べた。

受信料拒否の裁判については、今のところ認められたものはない。しかし、最近注目すべきものがある。受信料制度は、NHKが安定して確実に適切に業務を遂行することができる制度として合理性があるといひながら、「もっとも、そのように考えると、控訴人（視聴者）が、被控訴人（NHK）の価値観を編集の自由の下に国民に押し付けるのであれば、国民の思想良心の自由を侵害することになる旨主張するところは、検討に値する点を含むというべきである。被控訴人が、一方で、公共の福祉に資することを理由に放送受信契約に基づく受信料を徴収し、他方で、編集の自由の下に偏った価値観に基づく番組だけを放送し続けるならば、……国民の権利、利益を侵害する」。「そのような例外的な場合に受信設備設置者である視聴者から放送受信契約を解除することを認めることも一つの方策と考える余地がないではない」といふ判決理由がある（平成二十五年十一月十四日東京高裁）。

ＮＨＫ裁判のうち、契約締結に関する裁判については本書一〇四頁以下で述べた。

政治闘争としての裁判の意義および批判

政治闘争としての裁判は、すでに述べたやうに、本来の目的とは別に、またはそれと合はせて別の政治目的を達成するための裁判であるが、司法権の範囲との間で微妙な問題をはらむことになる。

たとへば、総理大臣の靖国参拝反対訴訟においては、本来の請求はまつたく認められないにもかかはらず、参拝は憲法違反であるとの判決理由だけが誇大に宣伝され、利用されてしまふ。わづか一人または三人の裁判官の見解が国政に重大な影響を与へることになる。これは司法権を逸脱するものではないかとの疑念が生じる。

同様なことは一票格差違憲訴訟においてもあり得る。数名の裁判官が、国会の定めた選挙区の区割りを批判する。もし、無効であるといふことになれば、どのやうな無効となるのか。

たとへば、人口の割に当選数が少ない選挙区では、すでに当選した者も失格するのか、それともさらに追加して選ぶやうにするのか、といふ問題が生じ、もしこのやうな方法までも裁判所が命ずるとしたら、明らかに司法の範囲を逸脱する。とりわけ、参議院において、衆議院とおなじ一票平等の原則を貫くと、衆議院と同じものができ、参議院の存在価値はないことになる。

一方、社会情勢の推移に適合して新たな訴訟類型や生ずることを徒に制限することも冒頭述べた法の支配に反することになる。

かつて、我が国の最高裁が、アメリカの最高裁と比べて違憲判決が少ないと非難する学者が少なくなかつた。これは立法において自分の希望する法律の改正ができないために、裁判官に自分にかはつて法改正をさせようとする政治闘争である。近年は、我が国の最高裁においても違憲判決が少なくない。私はこの傾向には若干の危惧を持つてゐる。

裁判官には、冒頭述べた裁判官の独立の原則により、大きな保護が与へられてゐる。裁判官は、政治闘争としての裁判について、この権利の乱用に陥ることがなく、法の支配の原則を守るための微妙な判断が求められてゐることを自覚した判断をすべきである。

注

1　訟務日報五十二巻九号二九七四頁

2　判例時報一八五九号七十六頁

3　平成二十五年十一月二十日最高裁大法廷判決、判例時報二二〇五号三頁

植村訴訟における言論問題と裁判

植村訴訟

植村隆元朝日新聞記者は、平成二十七年一月五日、数名の弁護士や大学教授とともに、司法記者クラブと外国特派員協会で記者会見をした。この記者会見の内容とその後の植村氏らの行動は、言論の自由（表現の自由）についての重大な問題を提起するものである。

植村氏は、いふまでもなく平成三年八月十一日の朝日新聞（大阪本社版）に、「日中戦争や第二次大戦の際、『女子挺身隊』の名で戦場に連行され、日本軍人相手に売春行為を強ひられた『朝鮮人従軍慰安婦』のうち、一人がソウル市内に生存していることがわかり、云々。……彼女らの重い口が、戦後半世紀近くたって、やっと開き始めた。」といふ記事を書いた記者である。この記事は、朝鮮人女性を強制的に連行して慰安婦にしたといふ吉田清治証言と並んで、いはゆる従軍慰安婦問題を提起し、我が国の軍隊が何万人（二十万人！）といふ朝鮮の女性を強制連行し、性奴隷にしたとの虚偽の事実を世界に広めたきつかけとなつた記事である。

植村氏の最初の記事は、当初からその真偽が問題にされたが、植村氏はそれに答へることなく、この女性が強制連行されたかのやうな記事を続けて書いた。しかし、昨年八月四日、朝日新聞は、吉田証言を虚偽だと認め、また、挺身隊は慰安婦とは別であることを認めるに至つた。

この過程で、植村氏の記事が事実でないばかりか、捏造であると批判した多くの学者やジャーナリストがゐた。その代表者が西岡力東京基督教大学教授(当時)である。植村氏らは、記者会見で、西岡教授の週刊文春の記事を 植村氏に対する名誉棄損であると非難し、西岡教授と週刊文春を発行してゐる文藝春秋社に対して謝罪広告と損害賠償を求めて訴訟を提起したことを明らかにするとともに、今後、百七十名の弁護士が植村記事を捏造と書いた学者やジャーナリストに対して順次訴へると言つたのである。

そして、一月二十四日、ジャーナリストの櫻井よしこ氏宛に謝罪を要求する内容証明郵便が送られてきた。自分の書いたものが植村氏に対する名誉棄損にはならないと考へた櫻井氏は謝罪にも応じないと答へた。すると、植村氏は直ちに櫻井氏と記事を掲載した新潮社その他の出版社を訴へて、札幌地方裁判所に訴状を出したのである。

また、櫻井氏の文章を掲載した週刊新潮、週刊ダイヤモンド、雑誌Ｗｉｌｌを発行してゐる出版社に対しても同様の内容証明を送つてきたが、いづれも謝罪には応じなかつた。ただ、Ｗｉｌｌを発行してゐる株式会社ワック社は、謝罪には応じないが、反論の紙面を提供するといふ返事をしたが、植村氏はそれには答へず、直ちに訴訟を起した。

名誉棄損

人の名誉を棄損する行為は、違法であり、不法行為として民事上の責任を負ふばかりか場合によつては犯罪となり、刑事罰を受ける。裁判所は、一般人の感覚で、ある者の社会的評価を低下させるやうな行為が名誉棄損であるとしてをり、行為は、演説や記事など態様を問はないとしてゐる。もちろん、新聞記事でも雑誌の記事でも名誉棄損となりうる。

言論の自由

これは重要な基本的人権であり、名誉棄損も個人の人格権といふ重要な基本的人権に対する侵害である。

植村訴訟は、言論の自由と個人の人格権がどのやうに調和されるべきかといふ訴訟である。言論の自由を強調してどんな言論でも許されるとすると言論によつて人格権を傷つけられた個人が救はれないことになるし、どんな場合にも他人の人格権を傷つけてはならないとすると言論が大幅に制限されることになる。たとへば、国務大臣は無能だと批判し、それがその大臣に対する名誉棄損といふことになれば、大臣に対する批判ができなくなつてしまふ。

そこで、この二つの権利を調和させるための様々な理論が工夫されてゐる。その一つが、事実を適示してゐるかどうかである。事実の適示といふのは、大臣が、賄賂をもらつたとか、特定の非行があるといふ事実である。大臣が無能であるといふのは、事実の適示ではなく、評価である、評価については、公平な評価である限り、名誉棄損とはならないといふものである。

次は、一見名誉棄損に当たる行為でも公益目的で書いた記事の内容が真実であつた場合、または真実でなかつたとしても著者が真実であると信ずるについて相当の理由があつた場合には名誉棄損とはならないといふ理論である。

記者会見での植村氏の主張

これを見てみると、西岡教授や櫻井氏は、植村氏の記事を捏造であると批判した。そのため植村氏は捏造記者であるとネットなどで非難され、犯罪者扱ひをされた。内定してゐた某大学の職も失ふことになつた。また、ネットでは、植村氏の高校の娘の写真まで掲載され、家族に対する誹謗中傷があふれた。そのため娘や家族はひどい精神的ショックを受けることになつた。この原因の一つは、西岡教授や櫻井氏の記事であるといふのである。櫻井氏やその他の人を訴へることによつて、植村氏に対する誹謗中傷を打ち消すのだといふ。

新聞報道記事

広く読まれることを前提に書かれ、広く読まれれば読まれるほど社会的影響が大きいのが新聞報道である。したがつて、その内容について真実であることが要求される。一方、ニュースについては、速報性も要求されることから慎重な調査との兼ね合ひで、時には事実でないことが報道されることもある。また、事実であるかどうかについて議論がわかれることもある。新聞社や、記事を書いた記者は、記事の批判に謙虚に耳を傾け、あるいは議論に参加して論争する義務がある。

植村氏は、櫻井氏が、次の二つの点で、植村氏の記事が捏造であると書いたことを非難する。一つ目は、植村氏の義理の母親が元慰安婦の裁判を支援した韓国の遺族会の幹部であるが、植村氏の新聞記事が義母の運動を支援する目的で書いたのではないかといふこと、二つ目は、挺身隊と「従軍慰安婦」とはまつたく別物であるのに、植村氏は、両者を意図的に結び付けて書いたといふことである。そして、このやうな記事を書く植村氏には教員としての資格に疑問があると櫻井氏が書いたことも、植村氏に対する名誉棄損となると主張する。

挺身隊と「従軍慰安婦」とは別物であることは明らかであり、朝日新聞も昨年そのことをやうやく認めた。植村氏も両者の混同が間違ひだつたことは認めてゐる。また、植村氏の義母が韓国の遺族会の幹部であつたことも事実である。すると、植村氏と櫻井氏の主張の違ひは、植村氏が誤つた内容の記事を書いたことが捏造といへるかどうかといふことと義母を支援する目的かあつたかどうかといふ、植村氏の内心の問題についてである。植村氏は、自分の誤りは過失によるものであつて、故意によるものではない。捏造とは故意に誤つた内容の記事を書くことであるから、名誉を棄損するといふのが植村氏の主張である。あとは、教員として適格かどうか問題であるといふ指摘が名誉棄損に当たるかどうかである。

植村氏に対するネットでの非難

問題は、氏への非難ばかりではなく、勤務先の大学や家族に対する度が過ぎた悪質な嫌がらせである。家族に対する嫌がらせは、悪質であらうがなからうが植村氏の記事についての批判とは無関係であり、家族の基本的人権に対する侵害であり、許されるものではない。度が過ぎる場合には犯罪である。現に、記者会見によれば、植村氏の勤務先の大学に脅迫電話をかけて逮捕された者がゐるやうである。また、植村氏の弁護士は、現地の警察が脅迫電話や手紙に対して、必ずしも熱心ではないので、弁護士三百人以上の連名で刑事告発するといふ運動もやつてゐるといふ。

ここで二つの問題点がある。一つは、植村氏の弁護士が、植村氏だけではなく同氏の家族や勤務先に対する嫌がらせをやめさせるために西岡教授や櫻井氏やその他の者に対する民事訴訟を起したり、起すと言つてゐること。二つ目は、勤務先に対する意見表明すべてが許されないかどうかである。

第一の点について、私は、方法として誤つてゐると思ふ。誹謗中傷に対しては、あくまでもその当事者に対して刑事民事の法的措置を講ずるべきである。植村氏としては悪質な行為者は、匿名であり、加害者をとらへることが難しいといふかもしれない。確かに難しい場合があるとは思ふし、刑事告訴や告発をしても警察が中々動かないといふこともありうる。しかし、匿名の者による誹謗中傷を止めるためにそれとは無関係に堂々と論戦を挑んでゐる者に対して裁判を起すといふ方法は間違つてゐる。加害者を特定することが難しかつたり、警察が中々動かない場合、大勢の弁護士が植村氏を支援して告発するとか、今回のやうに、記者会見をして植村氏の家族に対する誹謗中傷を非難するといふ方法は許されると思ふ。現に、弁護士会などでは、匿名の者による誹謗中傷を非難する声明を出してゐる。しかし、今回の記者会見は、そのためよりも、むしろ西岡教授や櫻井氏に対する訴訟の宣伝の目的が主であるやうであり、それは言論の自由の観点から問題である。

第二の点については、勤務先の大学に、植村氏の教員としての資質に問題があるといふ意見を表明することを抑制させようとするならば、これは表現の自由に対する制限となり、問題である。この種の意見表明は、度が過ぎない限り匿名であつても表現の自由の範囲内にあるとして保護されるべきである。植村氏の弁護士がそのやうな主張をしてゐるわけではないが、勤務先の大学に植村氏の資質についての意見表明などそもそもすべきではないといふ雰囲気があるとすれば、それは表現の自由の観点から望ましくない。

裁判所の判断

私は、植村記事についての西岡教授や櫻井氏の文章が、名誉棄損に当たるかどうかを、裁判所に判断させるといふことは、最初に述べた二つの人権の調和といふ観点からも後述の理由からも正しい方法であるとは思はない。

私は、先に、言論の自由は重要な基本的人権であり、名誉棄損も個人の人格権といふ重要な基本的人権に対する侵害であると述べたが、これは我が国の通説である。表現の自由（言論の自由もその一つである）は精神的自由であると考へるのである。ところがそれとは異なる有力な見解がある。表現の自由は、精神的自由だから特別の保護を与へられるのではなく、民主政過程に不可欠な権利だからであるといふものである（松井茂記『マス・メディアの表現の自由』日本評論社二〇〇五年発行六十九頁）。

この観点から、松井教授は、我が国の裁判所が、マス・メディアに対して名誉棄損を安易に認めすぎると批判してゐる。松井教授は、我が国の通説には、「保護に値する表現を確保するためには、保護に値する表現だけを保護していたのでは不十分だという認識が欠けていた」といふ（同書七十一頁）。「保護に値する表現だけを保護していたのでは、限界線上で、表現者はリスクを背負って表現するか口を閉ざすかの選択を余儀なくされる。結果的に多くの人が口を閉ざせば公共的な事項に関する広く開かれた討論は実現されない。」（同頁）。

いはゆる従軍慰安婦にからむ問題は、極めて大きな公共的性質を有する問題である。挺身隊と慰安婦とは何の関係もないのにどうして韓国では混同されてしまつたのか、そもそも慰安婦が軍隊によつて強制連行されたと植村氏が誤解したのはなぜなのか、自分が当時の事情からどうして誤つた記事を書いたのか説明して、それを捏造と表現するのが不当であると論争すれば、誤つた事情が明らかになり、言論の自由の基礎である国民の知る権利にとつて大いに有益なものとなつたと思ふ。ところが、植村氏及び朝日新聞は、植村記者の最初の記事について、批判があつても論争に参加することなく、今日に至つた。また、西岡教授は、植村氏に何度も論争を呼びかけたが、植村氏は応じなかつたといふ。

裁判所では、冒頭述べた名誉棄損の要件に従つて、これが事実の適示なのか、事実の適示であるとしたら、真実であるか、それとも真実相当性があるか、または、論評ではないのか、論評であるとしても公平な論評であるかなどといふ議論をすることになる。

このやうな裁判所での議論は、慰安婦問題の解明に、公の論争よりも役立つとは思はれない。私は、植村氏が訴訟といふ方法によつて自分の権利を守らうとしたことを遺憾に思ふ所以である。

あとがき

まへがきに書いたことを繰り返します。このやうな本を私のやうな者が出すべきではないかもしれませんが、やうやく仕上がりました。

今まで書いたものをまとめるといつてもなかなか大変でした。内容が古くなつてゐるものを少し書き換へたり、判決については、地裁判決についてだけであつたものを高裁最高裁判決があれば、それについて加へたりしました。また、このやうな本でも読んでくださる人がほかの調べものをするのに役立つやうに、できるだけ出典を明らかにしました。特に判決については、判例集に登載されてゐるかどうかあらためてチェックしました。それでも間違ひがないかどうか。書名はどぎついですが、当然のことながら内容は極めて公正であらうと努めました。私の主張はこの内容のとほりです。

そんなわけで、展転社の皆様には初校再校三校と訂正が重なり、非常にお手数をおかけしました。ありがたうございました。

本書の各論文がどこに最初に掲載されたかを以下に掲げます。ただし、相当手を入れた部分もあります。転載をお許しいただいた関係者に感謝します。

【外国人参政権について】私が会員となつてゐる公益財団法人国家基本問題研究所といふ

シンクタンクで、平成二十二年二月十二日付で「外国人参政権問題に関する提言」を行ひました。これは、外国人地方参政権に反対するとともに、特別永住者である在日韓国・朝鮮人については、特別帰化を認めるべしといふ提言でした。この提言に対して、ある衆議院議員が特別永住者には地方参政権を認めるべきであるとの反論を寄せられ、私がこの反論に対して、研究所の理事の資格で、その議員に反論の手紙を送つたことがあります。その後この議員との間で、二、三回やり取りがありました。これは公表されたものではありません。本文は、その手紙を下に改訂したものです。

【中国の判決は我が国内で執行できるか】雑誌『正論』（産経新聞）平成二十七年七月号

【歴史観をめぐる判決について】これは、当時月刊誌『月曜評論』の平成十四年六月号から平成十六年一月まで二十回にわたつて連載したものに手を入れました。月刊誌『月曜評論』は、平成十二年一月から平成十六年八月まで第一号から五十六号まで続いた雑誌で、現在休刊中です。この『月曜評論』は、月刊誌の前は、週刊のタブロイド判の新聞でした。桶谷繁雄東工大教授らが昭和四十六年に創刊し、途中から、中澤茂和君が編集をするやうになり、その後、中澤君一人でこの雑誌の編集をするやうになつたのです。中澤君は、桶谷さんの『月曜評論』の休刊後、『文武新論』といふ月刊誌を創刊し、少し続けた後、『月曜評論』を続けることになりました。中澤君は名編集者で、私は、この雑誌が亡くなつたことを残念に思つてゐます。中澤君は今、「時事評論」といふミニコミ誌を編集してゐます。この「時事評論」

もたつた四頁ですが、内容は立派なものです。

【NHK受信契約訴訟について】これはどこに発表したのか、調べましたがわかりません。あるひはどこにも発表しなかつたのかもしれません。

【NHK集団訴訟高裁判決の意義】雑誌『正論』平成二十六年二月号、これも若干書き加へました。

【「百人斬り」訴訟不当判決】雑誌『正論』平成十七年十一月号に手を入れました。

【東京裁判と「パル判決」】本文の注一にも書きましたが、雑誌『正論』平成二十一年二月号
【七三一部隊に対する判決の可笑しさ】当時文藝春秋社が発行してゐた月刊誌『諸君』平成十四年十二月号
【郵便袋裁判の顛末】「郵便袋裁判」は、本文に書いたやうに、平成五年の古い事件ですが、日本軍の残虐行為が事実無根であることを暴くためにやり、勝訴判決を得た思ひ出深い事件です。本文は、平成十九年に書いた解説を改定しました。

【展転社裁判の顛末】これも本文で書いたやうに、展転社が訴へられたいくつかの裁判を担当しました。私は今でも、その全部が不当訴訟だと思つてゐます。いくつかは負けましたが、最近の執行判決訴訟では勝つことができました。それについて本書で書き下ろしたものです。

【政治闘争としての裁判】月刊誌『改革者』（政研フォーラム）平成二十六年三月号に掲載したものに若干手を入れました。
【植村訴訟における言論問題と裁判】これも月刊誌『改革者』（政研フォーラム）平成二十七年五月号に掲載したものです。

本書の書名「反日勢力との法廷闘争」は、編集部がつけてくださつたもので、私はいささかどぎついのではないかと思ひましたが、以下に述べる理由で同意しました。

私は昭和三十六年三月に高校を卒業しましたが、昭和三十五年は、いはゆる第一次安保闘争の時でした。私は、高校時代から、日米安保条約に賛成し、現行「日本国憲法」の全面改正を主張してきました。そして、友人知人、担任の先生や、その他の人たちと論争してきました。その論争において、私は、彼らが、戦前の日本がいかに悪い侵略国であつたか、現行憲法は平和を守る理想的な憲法であるといつた言ひ分を繰り返すのはなぜだらうかといつも不思議に思つてきました。ある人はこれを自虐史観とか東京裁判史観とかいひます。

彼らは今でも、憲法を改正して軍隊を持てば、すぐにでも日本は戦争を始めてしまふと主張します。先日の安保法制の審議の過程でも彼らは戦争法案と呼び、すぐにでも地球の反対側の戦争に自衛隊が参戦してしまふといつて反対の気勢をあげました。

我が国が大戦争に負けて、二度とそのやうな戦争を繰り返してはならないと思ふことは、私も東京大空襲の後長野県に疎開し、高校卒業まで、長野市内を転々と転居して東京に出て来ましたので、理解できます。しかし、戦争は一人でやるものではなく、相手がゐて始まったものです。とりわけ満洲事変から米英相手の戦争に至る歴史は、我が国に反省すべき点は多々あるとしても一方的なものではありません。

占領軍による洗脳工作、WGIP（War Guilt Information Program）の影響が非常に大きいと思ひますが、私はもう一つ、日本人には、良い意味でも悪い意味でも、他の民族とは異なる変つた民族であるといふ意識があるのではないかと思ふに至りました。

それは、昭和五十年に出版された言語社会学者鈴木隆夫の『閉ざされた言語・日本語の世界』（新潮選書）といふ本を当時読んで感じたのです。日本人は、日本語といふ言語は外国人には習得が難しく、遅れた言語だと思つてをり、外国に移住した日本人は、やはり他国に移住したたとへば中国人やユダヤ人その他の民族の人たちと比較して、速やかに日本語を忘れてしまふといふのです。

私は、ドナルド・キーン氏のものをよく読みますが、キーン氏は、来日した当初、彼が日本文学の専門家であることを知りながら、よく日本語が読めますねとか、刺身やすしをよく食べることができますねとか、能や歌舞伎をよく理解できますねといふ質問をしばしば受けて当惑したと書いてをります。

これは、戦前は、日本人は選ばれた特別な民族であると思つてをり（本当にそのやうに思つてゐたかどうか疑問ですが）、今は、自衛隊を軍隊にしたら、すぐにでも外国を侵略しかねない（現状で日本がどこの国を侵略するのでせうか）といつた意識につながるのではないでせうか。憲法九条は、世界に冠たる理想的な条文だといひますが、そんなものではありません。

要するに我が国も世界にある普通の国なのです。良いことも悪いこともする可能性があり、してきたのです。現行憲法は、明らかに普通の国の憲法ではないのです。我々は、これを普通の国と同じにしようとしてゐるだけなのです。

我が国が普通の国ではないと考へてゐる人たち、私はこれを反日勢力と呼んだだけで、どぎついレッテル貼りをしたわけではありません。さういふ意味で、私は、弁護士になつてから、純然たる法律分野とは別に「反日勢力との闘ひ」が、私ができる国や社会、我々の子供や子孫のための任務と考へて努力してきました。

本書に掲げた法廷闘争の他にも、教科書裁判など、最初は一人で、現在は多数の仲間と多くの事件を手がけてきました。その一部を、強力に出版するやうに勧めてくださつた相澤さんはじめ展転社の皆さんに感謝します。

髙池勝彦

高池勝彦（たかいけ　かつひこ）

昭和 17 年 8 月 7 日生。
【学歴】
昭和 41 年 3 月早稲田大学第一法学部卒業、同 43 年 3 月早稲田大学大学院法学研究科修士課程終了（民事法学専攻労働法専修）。
同 47 年 10 月司法試験合格。同 50 年 4 月弁護士登録（東京弁護士会所属）。
同 53 年 9 月スタンフォード大学ロースクール入学。55 年 6 月同卒業。
【職歴】
昭和 50 年 4 月赤松国際法律事務所（東京）。同 55 年 6 月 Lillick McHose & Charles (San Francisco)。56 年 2 月 Deacons 法律事務所（香港）。56 年 8 月赤松国際法律事務所。57 年 4 月高池法律事務所。
平成 16 年 4 月大東文化大學法科大學校非常勤講師（民法担当）。

反日勢力との法廷闘争

愛国弁護士の闘ひ

平成三十年三月二十九日　第一刷発行

著　者　高池　勝彦
発行人　藤本　隆之
発　行　展　転　社

〒101-0051　東京都千代田区神田神保町2-46-402
TEL　〇三（五三一四）九四七〇
FAX　〇三（五三一四）九四八〇
振替〇〇一四〇―六―七九九九二
印刷製本　中央精版印刷

定価［本体＋税］はカバーに表示してあります。

ISBN978-4-88656-457-3